NEAL STEPHENSON

Die Diktatur
des schönen Scheins

Buch

Was steckt hinter den sympathischen »icons« und Symbolen – den Papierkörben, Eieruhren und Aktenordnern –, mit denen wir täglich am Computer hantieren und die uns die Orientierung erleichtern sollen? Die grafische Benutzeroberfläche – ist sie nichts weiter als ein magischer Spiegel, der Computerlaien davon abhält, das Prinzip dahinter zu verstehen, die »Matrix« zu erkennen, das Funktionieren der Computer zu begreifen? Neal Stephenson ist davon überzeugt, dass die heute gängigen Betriebssysteme mit ihren Oberflächen-Programmen die User entmündigen und ihnen alle Chancen nehmen, das Funktionieren der digitalen Kommunikationsprozesse zu begreifen und zu kontrollieren. Er führt die Leser hinter die Kulissen der Windows-Wölkchen und MacOS-Grinsegesichter: Er erklärt, welche Ideen und Zwecke des Computerbenutzens hinter Windows, Apple, BeOS und Linux stehen, was »software« eigentlich ist, wie »operating systems« funktionieren und weshalb sich die Mehrheit aller Computerbenutzer mit Systemen voller Programmierfehler herumschlägt, während es gleichzeitig leistungsstarke – und kostenlose – Alternativen gibt.

Autor

Neal Stephenson wurde 1959 in Fort Meade im US-Bundesstaat Maryland geboren. Er hat sich als Experte und Theoretiker der modernen Kommunikationstechniken einen hervorragenden Ruf erworben. Dabei meldet er sich nicht nur in Essays und theoretischen Schriften zu Wort (Wired Magazine, Time Magazine), sondern wurde vor allem auch durch seine vielfach preisgekrönten Zukunftsromane, in denen er sich mit Themen der globalen Kommunikationsgesellschaft befasst, populär. In »Snow Crash« werden erstmalig »Avatare« (virtuelle Persönlichkeiten im Internet) beschrieben und die Vision einer »Infokalypse« beschworen, in »Diamond Age« geht es um die Zukunft der (elektronischen) Bücher. Sein jüngster Roman »Cryptonomicon« erzählt die Geschichte der Kommunikation im Hinblick auf ihre Schlüsselfunktion für die weitere Globalisierung des Lebens. Bei der Ars Electronica 2000 wurde ihm für sein Gesamtwerk der »Goldene Nica« verliehen, der Oscar der Internet-Welt.

Von Neal Stephenson bereits erschienen:

Volles Rohr. Roman (9811) · Snow Crash. Roman (45302)
Diamond Age – Die Grenzwelt. Roman (45154)
Cryptonomicon. Roman (gebundene Ausgabe bei Manhattan, 54529)

Neal Stephenson
Die Diktatur des schönen Scheins

Wie grafische Oberflächen
die Computernutzer
entmündigen

Aus dem Amerikanischen
von Juliane Gräbener-Müller

GOLDMANN

Die Originalausgabe erschien unter dem Titel
»In the Beginning ... was the Command Line«
bei Avon Books, New York

Umwelthinweis:
Alle bedruckten Materialien dieses Taschenbuches
sind chlorfrei und umweltschonend.

Deutsche Erstveröffentlichung 9/2002
Copyright © der Originalausgabe 1999 by Neal Stephenson
Copyright © der deutschsprachigen Ausgabe 2002
by Wilhelm Goldmann Verlag, München,
in der Verlagsgruppe Random House GmbH
Umschlaggestaltung: Design Team München
Satz: DTP im Verlag
Druck: Elsnerdruck, Berlin
Titelnummer: 15177
Redaktion: Jochen Stremmel
Terminologische Beratung: Andreas Hahn
VB · Herstellung: Sebastian Strohmaier
Printed in Germany
ISBN 3-442-15177-5
www.goldmann-verlag.de

3 5 7 9 10 8 6 4 2

Am Anfang ...
war die Befehlszeile

Vor etwa zwanzig Jahren kamen Jobs und Wozniak, die Gründer von Apple, auf die kuriose Idee, informationsverarbeitende Maschinen für den privaten Gebrauch zu verkaufen. Das Geschäft lief an und seine Urheber machten viel Geld und erhielten die Anerkennung, die ihnen als kühnen Visionären zustand. Doch ungefähr zur selben Zeit hatten Bill Gates und Paul Allen eine noch kuriosere und fantastischere Idee, nämlich die, Computerbetriebssysteme zu verkaufen. Dieser Gedanke war noch viel verrückter als der von Jobs und Wozniak. Ein Computer verfügte wenigstens noch über eine Art physische Realität. Er kam in einem Karton an, man konnte ihn öffnen, einstöpseln und Lichter aufblinken sehen. Ein Betriebssystem dagegen hatte überhaupt keine greifbare Gestalt. Natürlich kam es auf einer Diskette an, aber die war im Grunde nichts anderes als der Karton, in dem das OS *(Operating System*, dt. Betriebssystem) geliefert wurde. Das Produkt selbst war eine sehr lange Reihe von Einsen und Nullen, die einen bei ordnungsgemäßer Installation und Pflege in die Lage versetzten, mit anderen sehr langen Reihen von Einsen und Nullen zu hantieren. Sogar die Wenigen, die tatsächlich verstanden, was ein Computerbetriebssystem ist, neigten dazu, es sich als ein völlig obskures technisches Wunderwerk wie etwa einen Brutreaktor oder ein U-2 Aufklärungsflugzeug vorzustellen, nicht aber als etwas, das je (im Sinne der Hightech-Industrie) zu einem vermarktungsfähigen Produkt gemacht werden könnte.

Und doch verkauft die von Gates und Allen gegründete Firma mittlerweile Betriebssysteme wie Gillette Rasierklingen. Neue Versionen werden lanciert, als wären es Filmhits aus Hollywood: mit Prominenten-Empfehlungen, Talkshow-Auftritten und Welttourneen. Der Markt dafür ist riesig und die Leute fragen sich besorgt, ob er von einer Firma monopolisiert worden ist. Selbst die technisch am wenigsten beschlagenen Mitglieder unserer Gesellschaft haben inzwischen zumindest eine vage Vorstellung von dem, was Betriebssysteme machen; ja, sie haben sogar dezidierte Meinungen über deren relative Vorzüge. Selbst unter technisch unbegabten Computerbenutzern hat sich herumgesprochen, dass eine Software, die auf einem Macintosh läuft, auf einem Gerät mit Windows nicht funktioniert; dass das sogar ein lächerlicher, idiotischer Fehler wäre, so als wollte man Hufeisen an die Reifen eines Buick nageln.

Jemand, der vor der Gründung von Microsoft ins Koma gefallen wäre und jetzt wieder daraus erwachte, könnte die *New York Times* von heute aufschlagen und alles darin verstehen – fast alles:

Meldung:
Der reichste Mann der Welt hat sein Glück gemacht mit – was? Eisenbahnlinien? Schiffen? Öl? Nein, mit Betriebssystemen. Meldung: Das Justizministerium ist gegen das angebliche Betriebssystem-Monopol von Microsoft mit juristischen Mitteln vorgegangen, die ursprünglich die Macht der Robber Barons, der Räuberbarone des 19. Jahrhunderts einschränken sollten. Meldung: Eine Freundin erzählte mir kürzlich, sie habe eine (bis dahin) anregende E-Mail-Korrespondenz mit einem jungen Mann abgebrochen. Anfangs habe der Typ einen so intelligenten und interessanten Eindruck gemacht, sagte sie, aber dann »fing er an, dieses PC-contra-Mac-Spielchen mit mir zu spielen«.

Was zum Teufel geht hier vor? Und hat das Geschäft mit Betriebssystemen eine Zukunft oder nur eine Vergangenheit? Hier ist meine zugegebenermaßen völlig subjektive Meinung dazu; da ich aber ziemlich viel Zeit damit verbracht habe, Macintoshs, Windows-Maschinen, Linux-Kisten und das BeOS nicht nur zu benutzen, sondern auch zu programmieren, ist sie vielleicht doch fundiert genug, um nicht ganz wertlos zu sein. Dies ist ein subjektiver Essay, eher eine Zusammenschau als ein wissenschaftlicher Beitrag, und deshalb erscheint er im Vergleich zu den technischen Artikeln, die man in PC-Magazinen findet, vielleicht auch ungerecht oder voreingenommen. Seit aber der Mac herausgekommen ist, waren unsere Betriebssysteme immer auf Metaphern aufgebaut, und alles was Metaphern enthält, ist in meinen Augen Freiwild.

MGBs, PANZER UND BATMOBILE

Zu der Zeit, als Jobs, Wozniak, Gates und Allen sich diese merkwürdigen Projekte ausdachten, war ich ein Teenager und lebte in Ames, Iowa. Der Vater eines meiner Freunde hatte einen alten MGB-Sportwagen, der in seiner Garage vor sich hin rostete. Manchmal brachte er ihn sogar zum Laufen und lud uns dann mit einem unvergesslichen Ausdruck wilder, jugendlicher Begeisterung im Gesicht zu einer Spritztour um den Block ein; für seine Passagiere war er ein Verrückter, der, wenn er den Motor nicht gerade abwürgte, unter Fehlzündungen durch Ames, Iowa, tuckerte und den Staub von rostigen Gremlins und Pintos schluckte; in seiner eigenen Vorstellung dagegen war er Dustin Hoffman, der, den Wind in den Haaren, über die Bay Bridge dahin brauste.

Im Rückblick gewann ich daraus zwei Erkenntnisse über das Verhältnis der Leute zur Technik. Die eine besagte, dass ihre Ansichten in nicht unbeträchtlichem Maße von Romantik und Imagedenken geprägt sind. Wer Zweifel daran (und viel Zeit zur Verfügung) hat, frage irgendjemanden, der im Besitz eines Macintosh ist und sich aus eben diesem Grund einer unterdrückten Minderheit zugehörig fühlt.

Der Vergleich zwischen Autos und Betriebssystemen ist gar nicht so schlecht und deshalb möchte ich noch einen Augenblick dabei verweilen und an ihm unsere derzeitige Situation erläutern.

Stellen Sie sich eine Straßenkreuzung vor, an der vier miteinander konkurrierende Autohändler liegen. Einer von ihnen (Microsoft) ist viel, viel größer als die anderen. Er fing vor Jahren damit an, Fahrräder mit Dreigangschaltung (MS-DOS) zu verkaufen; die waren nicht perfekt, funktionierten aber, und wenn etwas kaputt war, konnte man es leicht reparieren.

Im Fahrradgeschäft nebenan begann die Konkurrenz (Apple) eines Tages, motorisierte Fahrzeuge zu verkaufen – teure, aber ansprechend gestaltete Autos, deren Innereien hermetisch eingeschlossen waren, so dass ihre Funktionsweise mehr oder minder im Dunkeln blieb.

Der große Händler reagierte, indem er ein Mofa-Nachrüstset (Original-Windows) auf den Markt warf. Das war eine Vorrichtung Marke Rube Goldberg, die nach entsprechender Montage ein Dreigangfahrrad in die Lage versetzte, gerade noch mit den Apple-Autos mitzuhalten. Die Benutzer mussten Brillen tragen und pulten sich dauernd Insekten aus den Zähnen, während Apple-Besitzer in hermetisch versiegeltem Komfort dahinsausten und sie durch die Fenster hindurch höhnisch angrinsten. Aber die Micro-Mofas waren billig, im Vergleich zu den Apple-Autos leicht zu reparieren und ihr Marktanteil wuchs.

Am Ende brachte der große Händler ein richtiges Auto heraus: einen wuchtigen Kombi (Windows 95). Vom Ästhetischen her war er ungefähr so ansprechend wie eine sowjetische Arbeitersiedlung, er verlor Öl, seine Dichtungen platzten und er hatte unglaublichen Erfolg. Etwas später kam noch ein für industrielle Anwender gedachter massiger Geländewagen (Windows NT) heraus, der auch nicht schöner und nur ein bisschen zuverlässiger war als der Kombi.

Seitdem ist viel Tamtam gemacht worden, aber geändert hat sich wenig. Der kleinere Händler verkauft weiterhin elegante Limousinen in europäischem Stil und gibt viel Geld für Werbekampagnen aus. Hinter den Scheiben hat er schon so lange Schilder mit der Aufschrift TOTALAUSVERKAUF! kleben, dass sie ganz vergilbt und wellig geworden sind. Und der größere produziert immer größere und größere Kombis und Geländewagen.

Die beiden Konkurrenten auf der anderen Straßenseite haben sich erst in jüngerer Zeit dort niedergelassen.

Einer von ihnen (Be, Inc.) verkauft voll funktionsfähige Batmobile (BeOS). Sie sind sogar noch schöner und stilvoller als die Euro-Limousinen, besser konstruiert, technisch ausgereifter und mindestens so zuverlässig wie alles andere auf dem Markt – und trotzdem billiger als die anderen.

Mit einer Ausnahme, nämlich Linux, das sich gleich nebenan befindet und gar kein richtiges Geschäft ist. Es ist eine Ansammlung von Wohnmobilen, Jurten, Tipis und Traglufthallen, die mitten auf einem Feld stehen. Die Leute, die dort leben und auf Konsensbasis organisiert sind, stellen Panzer her. Diese haben allerdings nichts mit den altmodischen, gusseisernen Sowjetpanzern gemein; sie ähneln eher den M1-Panzern der US-Armee, die aus Materialien des Raumzeitalters bestehen und bis oben hin mit ausgefeilter Technologie vollgestopft sind. Sie sind aber besser als Armeepanzer. Man hat sie so abgewandelt, dass sie niemals liegen bleiben, leicht und wendig genug sind, um auf normalen Straßen zu fahren, und nicht mehr Benzin verbrauchen als ein Kleinstwagen. Diese Panzer werden in rasender Geschwindigkeit an Ort und Stelle produziert und stehen in großer Zahl mit dem Schlüssel in der Zündung aufgereiht am Straßenrand. Jeder, der möchte, kann einfach in einen einsteigen und ohne zu zahlen damit losfahren.

Die Kunden strömen Tag und Nacht in Scharen zu dieser Kreuzung. Neunzig Prozent von ihnen gehen schnurstracks zu dem größten Händler und kaufen Kombis oder Geländewagen. Sie würdigen die anderen Händler nicht einmal eines Blickes.

Von den übrigen zehn Prozent kaufen die meisten eine schnittige Euro-Limousine und bleiben nur kurz stehen, um sich naserümpfend die Banausen anzuschauen, die die Kombis und Geländewagen kaufen. Wenn diese Kunden die Leute auf der gegenüberliegenden Straßenseite, die die billigeren, technisch höher entwickelten

Fahrzeuge verkaufen, überhaupt bemerken, dann verspotten sie sie als Spinner und Schwachköpfe.

Der Batmobil-Händler verkauft ein paar Fahrzeuge an den einen oder anderen Autofreak, der passend zu seinem Kombi noch einen Zweitwagen haben will, sich jedoch damit abzufinden scheint, dass dieser einstweilen noch eine Randerscheinung darstellt.

Die Gruppe, die die Panzer verschenkt, bleibt nur deshalb am Leben, weil ihr Personal aus Freiwilligen besteht, die mit Megafonen ausgerüstet am Straßenrand stehen und versuchen, die Aufmerksamkeit der Kunden auf diese unglaubliche Situation zu lenken. Eine typische Unterhaltung verläuft etwa so:

HACKER MIT MEGAFON: »Sparen Sie Geld! Nehmen Sie einen unserer kostenlosen Panzer! Er ist unverwundbar und kann bei einem Verbrauch von einer Gallone auf hundert Meilen mit neunzig Sachen über Felsen und durch Sümpfe fahren!«

AM KOMBI INTERESSIERTER KÄUFER: »Ich weiß, dass Sie Recht haben, aber... äh... ich weiß nicht, wie man einen Panzer wartet!«

MEGAFON: »Wie man einen Kombi wartet, wissen Sie doch auch nicht!«

KÄUFER: »Aber bei diesem Händler sind Mechaniker angestellt. Wenn mit meinem Kombi irgendwas nicht in Ordnung ist, kann ich einen Tag frei nehmen, ihn herbringen und sie dafür bezahlen, dass sie ihn reparieren, während ich stundenlang unter Musikberieselung im Warteraum sitze.«

MEGAFON: »Wenn Sie aber einen unserer kostenlosen Panzer nehmen, schicken wir Freiwillige zu Ihnen nach Hause, um ihn kostenlos zu reparieren, während Sie schlafen!«

KÄUFER: »Sie kommen mir nicht ins Haus, Sie Freak!«

MEGAFON: »Aber...«

KÄUFER: »Sehen Sie nicht, dass alle Welt Kombis kauft?«

BITSCHLEUDER

Damals, als ich auf die eine oder andere Spritztour in diesem MGB mitgenommen wurde, wäre ich nie darauf gekommen, dass es einen Zusammenhang zwischen Autos und verschiedenen Verhaltensweisen gegenüber Computern gibt. Ich hatte mich für einen Programmierkurs an der Ames High School eingeschrieben. Nach ein paar einführenden Vorlesungen gewährte man uns Studenten den Zutritt zu einem winzigen Raum mit einem Fernschreiber, einem Telefon und einem altmodischen Modem, das aus einem Metallkasten mit zwei Gummischalen obendrauf bestand (Anmerkung: Nach diesem letzten Satz wird so manchen Leser womöglich die leise Befürchtung beschlichen haben, dieser Essay mutiere jetzt zu den langweiligen Erinnerungen eines komischen Kauzes an die gute, aber schwere alte Zeit; seien Sie jedoch versichert, dass ich nur dabei bin, meine Figuren auf dem Schachbrett anzuordnen, um dann über ganz und gar im Trend liegende, hochaktuelle Themen wie Open Source Software zu sprechen). Der Fernschreiber war genau die Art von Apparat, die man jahrzehntelang zum Verschicken und Empfangen von Telegrammen benutzt hatte. Im Wesentlichen war er eine laute Schreibmaschine, die nur GROSSBUCHSTABEN produzieren konnte. An einer Seite war eine kleinere Maschine mit einer dicken Papierstreifenrolle und einem durchsichtigen Plastikbehälter darunter angebracht.

Um diese Vorrichtung (die alles andere als ein Computer war) mit dem Großrechner der Iowa State University am anderen Ende der Stadt zu verbinden, nahm man den Hörer ab, wählte die Nummer des Computers, wartete auf ein seltsames Geräusch und knallte dann den Hörer in die Gummischalen. Wenn man richtig gezielt hatte, legte eine Schale ihre Neoprenlippen um die Ohrmuschel und die andere um die Sprechmuschel und vollzog damit eine Art Informations-*Sixty-Nine*. Vom Geist des fernen Großrechners geschüttelt, fing der Fernschreiber an, kryptische Botschaften hinzuhämmern.

Da Computerzeit ein knappes Gut war, benutzten wir eine Art Stapelverarbeitungstechnik. Bevor wir die Nummer wählten, schalteten wir den Streifenlocher (ein seitlich an den Fernschreiber angeschraubtes Hilfsgerät) an und tippten unsere Programme ein. Immer wenn wir eine Taste drückten, hämmerte der Fernschreiber einen Buchstaben auf das Papier vor uns, so dass wir lesen konnten, was wir geschrieben hatten; gleichzeitig wandelte er aber den Buchstaben in eine Folge von acht Binärziffern oder Bits um und stanzte ein entsprechendes Lochmuster quer über einen Papierstreifen. Die winzigen, aus dem Streifen herausgedrückten Plättchen flatterten in den durchsichtigen Plastikbehälter, der sich allmählich mit etwas füllte, was man nur als die eigentlichen Bits beschreiben kann. Am letzten Tag des Schuljahres schoss das schlauste Kind der Klasse (nicht ich) hinter seinem Tisch hervor und streute, sozusagen als halbliebevoll gemeinten Streich, unserem Lehrer mehrere Hände voll von diesen Bits über den Kopf. Das Bild dieses Mannes, wie er, erstarrt im Anfangsstadium einer atavistischen Kampf-oder-Flucht-Reaktion, dasaß, Millionen von Bits (Megabytes) ihm aus den Haaren in Nasenlöcher und Mund rieselten und sein Gesicht allmählich purpurrot anlief, während er innerlich auf eine Explosion zusteuerte, ist die einzige mir wirklich unvergesslich gebliebene Szene aus meiner Schul- und Studienzeit.

Jedenfalls dürfte klar geworden sein, dass meine Interaktion mit dem Computer höchst formaler Art und trennscharf in verschiedene Phasen aufgeteilt war: (1) Meilenweit von irgendeinem Computer entfernt saß ich mit Papier und Bleistift zu Hause, dachte angestrengt darüber nach, was ich den Computer machen lassen wollte, und übersetzte meine Absichten in eine Computersprache – eine Reihe alphanumerischer Symbole auf einem Blatt Papier. (2) Die brachte ich durch eine Art informationellen *cordon sanitaire* (Schneeverwehungen über drei Meilen hinweg) zur Schule und tippte diese Buchstaben in eine Maschine – keinen Computer –, die die Symbole in Binärziffern umwandelte und sichtbar auf einem Papierstreifen festhielt. (3) Diese Ziffern schickte ich mithilfe des Gummischalenmodems an den Großrechner der Universität, der (4) bestimmte Rechnungen damit anstellte und andere Ziffern an den Fernschreiber zurückschickte. (5) Der Fernschreiber wandelte diese Zahlen wieder in Buchstaben um, die er auf Papier ausdruckte und die ich (6) beim Lesen als sinnvolle Symbole interpretierte.

Die so angedeutete Aufgabenteilung ist wunderbar klar: Computer rechnen mit Datenbits. Menschen interpretieren die Bits als sinnvolle Symbole. Allerdings wurde diese Unterscheidung durch das Aufkommen moderner Betriebssysteme, die die Macht der Metapher ge- und häufig missbrauchen, um Computer einer breiteren Öffentlichkeit zugänglich zu machen, inzwischen verwischt oder zumindest komplizierter gemacht. Irgendwann beginnen die Leute – vermutlich wegen dieser Metaphern, die ein Betriebssystem zu einer Art Kunstwerk machen –, emotional zu reagieren und genau so an bestimmter Software zu hängen wie der Vater meines Freundes an seinem MGB.

Leute, die immer über grafische Benutzeroberflächen wie das MacOS oder Windows mit Computern interagiert haben – das heißt, heutzutage fast jeder, der schon einmal einen Computer benutzt hat –, hat es vielleicht verblüfft oder zumindest ein bisschen verwirrt, von dem Telegrafenapparat zu erfahren, den ich 1973 zur Kommunikation mit dem Computer benutzt habe. Es gab und gibt jedoch einen guten Grund für die Verwendung dieser speziellen Technologie. Menschen haben verschiedene Möglichkeiten, miteinander zu kommunizieren wie etwa Musik, Kunst, Tanz und Mienenspiel, aber manche davon lassen sich besser als andere in Zeichenfolgen ausdrücken. Die geschriebene Sprache eignet sich am besten dazu, weil sie ja von vorneherein schon aus einer Folge von Symbolen besteht. Wenn die Symbole zufällig auch noch zu einem phonetischen Alphabet (im Gegensatz etwa zu Ideogrammen) gehören, ist ihre Umwandlung in Bits ein triviales Verfahren, das zudem technologisch gesehen bereits im frühen neunzehnten Jahrhundert mit der Einführung der Morseschrift und anderer Formen der Telegrafie angewandt wurde.

Schon hundert Jahre bevor wir Computer hatten, verfügten wir über eine Schnittstelle zwischen Mensch und Computer. Als etwa zur Zeit des Zweiten Weltkriegs die Computer aufkamen, kommunizierten die Menschen ganz selbstverständlich mit ihnen, indem sie sie auf die bereits existierenden Technologien der Übertragung von Buchstaben in Bits und umgekehrt, nämlich die Fernschreiber und Lochkartenmaschinen, aufpfropften.

Diese verkörperten zwei von Grund auf unterschiedliche Herangehensweisen. Wenn man Karten benutzte, lochte man einen ganzen Stapel davon und ließ sie alle auf einmal durch den Kartenleser laufen, was man Stapelverarbeitung nannte. Stapelverarbeitung konnte man, wie bereits beschrieben, auch mit dem Fernschreiber machen, indem man den Lochstreifenleser benutzte, und zu meiner Highschool-Zeit wurden wir natürlich dazu angehalten, diese Methode zu verwenden. Der Fernschreiber hatte aber – obwohl man das tunlichst vor uns zu verbergen suchte – dem Kartenleser etwas voraus. Auf ihm konnte man, sobald die Modemverbindung hergestellt war, einfach eine Zeile eintippen und die Eingabetaste drücken. Der Fernschreiber schickte diese Zeile an den Computer, der unter Umständen seinerseits mit ein paar Zeilen antwortete, die der Fernschreiber ausdruckte; auf diese Weise erstellte er nach und nach ein Protokoll des Datenaustauschs mit der Maschine. Diese Vorgehensweise hatte damals nicht einmal einen Namen, wurde aber, als viel später eine Alternative aufkam, rückwirkend befehlsorientierte Benutzeroberfläche getauft.

Als ich dann aufs College ging, stellte ich meine Berechnungen in großen, stickigen Räumen an, in denen Hunderte von Studenten vor leicht verbesserten Versionen derselben Maschinen saßen und Computerprogramme schrieben: hier wurden Matrixdruckmechanismen verwendet, die aber (aus der Sicht des Computers) mit den alten Fernschreibern identisch waren. Die Computer verfügten inzwischen über einen erweiterten Mehr-Benutzer-Betrieb, d.h. Großrechner waren immer noch Großrechner, konnten aber besser mit einer Vielzahl von Terminals gleichzeitig kommunizieren. Die Stapelverarbeitung hatte also ausgedient. Lochkartenlesegeräte wurden in Flure und Heizräume verbannt und die Stapelverarbeitung wurde zu etwas, was nur noch Nerds betrieben, bekam also unter denen von uns, die überhaupt noch von ihrer Existenz wussten, einen gewissen Ruch des Schauerlichen. Wir waren alle runter vom Stapel und drauf auf der Befehlszeile, heute Benutzeroberfläche – das war mein allererster Paradigmenwandel in der Welt der Betriebssysteme, nur habe ich das damals nicht gewusst.

Auf dem Boden unter jedem dieser besseren Fernschreiber lag in riesigen Stapeln ziehharmonikaartig gefaltetes Papier, das am laufenden Meter durch ihre Walzen lief. Fast das ganze Papier wurde auf den Müll geworfen oder recycelt, ohne je von Tinte berührt worden zu sein – eine so himmelschreiende ökologische Sünde, dass diese Maschinen bald durch Datensichtgeräte – so genannte Bildschirm-Terminals – ersetzt wurden, die ruhiger waren und kein Papier verschwendeten. Allerdings waren auch diese aus der Sicht des Computers nicht von den Fernschreibgeräten der Weltkriegs-Ära zu unterscheiden. Im Grunde benutzten wir bis etwa 1984, als der Macintosh mit seinem Graphical User Interface (GUI, dt. grafische Benutzeroberfläche) eingeführt wurde, viktorianische Technologie, um mit Computern zu kommunizieren. Auch danach existierte die Befehlszeile durch die ganze Blütezeit der grafischen Benutzeroberflächen oder GUIs, wie ich sie von jetzt an nennen werde, hindurch weiterhin als eine tiefer liegende Schicht – eine Art Stammhirnreflex – vieler moderner Computersysteme.

GUIs

Als erstes muss nun jeder Codierer, wenn er eine neue Software schreibt, herausfinden, wie er die Information, mit der gearbeitet wird (in einem Grafikprogramm ein Bild, in einem Tabellenkalkulationsprogramm ein Zahlenraster) in eine lineare Kette von Bytes verwandeln kann. Solche Ketten werden gemeinhin Dateien oder (eher im Trend) Datenströme genannt. Im Verhältnis zum Telegramm sind sie das, was der moderne Mensch im Verhältnis zum Cro-Magnon-Menschen ist, nämlich genau dasselbe unter einem anderen Namen. Alles, was man auf seinem Bildschirm sieht – seinen Tomb Raider, seine digitalisierten Voice-Mail-Nachrichten, seine Faxe und in siebenunddreißig verschiedenen Schrifttypen verfassten Textverarbeitungsdokumente –, all das ist aus der Sicht des Computers genau dasselbe wie die Telegramme, außer dass es viel länger ist und mehr Berechnung erfordert.

Davon bekommt man am schnellsten einen Eindruck, wenn man seinen Browser hochfährt, eine Seite im Internet besucht und dann auf Ansicht/Quelltext klickt. Das ergibt einen Haufen Maschinensprache, der ungefähr so aussieht:

```html
<HTML>

<HEAD>

<TITLE> C R Y P T O N O M I C O N<TITLE>

</HEAD>

<BODY BGCOLOR="#000000" LINK="#996600" ALINK=
   "#FFFFFF" VLINK="#663300">

<MAP NAME="navtext">
<AREA SHAPE=RECT HREF="praise.html" COORDS="0,37,
   84,55">
<AREA SHAPE=RECT HREF="author.html" COORDS=" 0,59,
   137,75 ">
<AREA SHAPE=RECT HREF="text.html" COORDS="0,81,
   101,96">
<AREA SHAPE=RECT HREF="tour.html" COORDS="0,100,121,
   117">
<AREA SHAPE=RECT HREF="order.html" COORDS="0,122,
   143,138">
<AREA SHAPE=RECT HREF="beginning.html" COORDS=
"0,140, 213,157">

</MAP>

<CENTER>
```

```
<TABLE BORDER="0" CELLPADDING="0" CELLSPACING="0"
    WIDTH="520">

<TR>

<TD VALIGN=TOP ROWSPAN="5">
<IMG SRC="images/spacer.gif" WIDTH="30"HEIGHT="1"
    BORDER="0">
</TD>

<TD VALIGN=TOP COLSPAN="2">
<IMG SRC="images/main_banner.gif" ALT="Cryptonomicon
    by Neal Stephenson" WIDTH="479" HEIGHT="122" BOR-
    DER="0">
</TD>

</TR>
```

Dieses unverständliche Zeug heißt HTML (Hyper Text Markup Language) und ist im Grunde eine sehr einfache Programmiersprache, die dem Browser Anweisungen für die Erstellung einer Webseite auf dem Bildschirm gibt. HTML kann jeder lernen und viele Leute tun es. Der springende Punkt dabei ist, dass HTML-Dateien, egal was für großartige Multimedia-Webseiten sie darstellen, einfach nur Telegramme sind.

Als Ronald Reagan Radiosprecher war, kommentierte er Baseballspiele, bei denen er gar nicht körperlich anwesend war, indem er die knappen Beschreibungen las, die über die Telegrafenleitung hereintröpfelten und auf einem Papierstreifen ausgedruckt wurden. Ganz allein saß er dann in einem schallisolierten Raum vor einem Mikrofon, während der mit kryptischen Abkürzungen bedruckte Papierstreifen aus dem Apparat über seine Handfläche kroch. Wenn der Count auf drei und zwei wechselte, beschrieb Reagan die Szene so, wie er sie vor seinem geistigen Auge sah: »Der kräftige Linkshänder tritt aus der Batter's Box, um sich den Schweiß von der Stirn zu wischen. Der Schiedsrichter tritt vor, um den Staub von der Homeplate zu fegen«, und so weiter. Verkündete das Kryptogramm auf dem Papierstreifen einen Base Hit, erzeugte er einen kleinen Soundeffekt, indem er mit einem Bleistift gegen die Tischkante schlug, und beschrieb die Flugbahn des Balls, als könnte er ihn wirklich sehen. Seine Zuhörer, von denen wahrscheinlich viele dachten, Reagan befände sich wirklich im Stadion und sähe zu, stellten sich die Szene seiner Beschreibung entsprechend vor.

Genau so funktioniert das World Wide Web: die HTML-Dateien sind die spärlichen Beschreibungen auf dem Papierstreifen und der Browser ist Ronald Reagan. Dasselbe gilt für grafische Benutzeroberflächen im Allgemeinen.

Ein Betriebssystem ist also ein Stapel von Metaphern und Abstraktionen, der zwischen einem selbst und den Telegrammen steht, und enthält verschiedene Tricks, mit deren Hilfe der Programmierer die Informationen, mit denen man arbeitet – seien es Bilder, E-Mails, Filme oder Textdokumente – in die Ketten von Bytes verwandelt hat, die das einzige sind, womit Computer arbeiten können. Als wir für die Interaktion mit unserem Computer noch richtige Telegrafenapparate (Fernschreiber) oder deren technisch höher entwickelte Nachfolger (»Bildschirm-Terminals« oder die MS-DOS-Befehlszeile) benutzten, waren wir sehr nah am Boden dieses Stapels. Wenn wir jedoch die allermodernsten Betriebssysteme verwenden, ist unsere Interaktion mit der Maschine äußerst indirekt. Alles, was wir tun, wird immer wieder interpretiert und übersetzt, während es sich in dem Stapel all der Metaphern und Abstraktionen nach unten durcharbeitet.

Das Macintosh-Betriebssystem war eine Revolution im guten wie im schlechten Sinne des Wortes. Es stimmte offensichtlich, dass befehlsorientierte Benutzeroberflächen nicht für jedermann geeignet waren und dass es von Vorteil sein würde, einer technisch weniger versierten Öffentlichkeit den Computer leichter zugänglich zu machen – wenn schon nicht aus altruistischen Motiven, so doch, weil diese Leute einen unvergleichlich größeren Markt darstellten. Es war klar, dass die Ingenieure von Mac sahen, wie ein ganzes neues Land sich vor ihnen auftat; man konnte sie förmlich murmeln hören: »Super! Jetzt müssen wir uns nicht mehr durch Dateien als lineare Ketten von Bytes beschränken lassen, *vive la révolution,* mal sehen, wie weit wir damit kommen!« Auf dem Macintosh gab es keine befehlsorientierte Benutzeroberfläche; man sprach mit ihm über die Maus oder gar nicht. Das war gewissermaßen ein Statement, ein Zeugnis von revolutionärer Reinheit. Es schien, als wollten die Designer des Mac befehlsorientierte Benutzeroberflächen in den Mülleimer der Geschichte befördern.

Meine eigene Liebesgeschichte mit dem Macintosh begann im Frühjahr 1984 in einem Computergeschäft in Cedar Rapids, Iowa, als ein Freund – zufällig der Sohn des MGB-Besitzers – mir einen Macintosh zeigte, auf dem MacPaint, das revolutionäre Zeichenprogramm, lief. Sie endete im Juli 1995, als ich versuchte, eine große, wichtige Datei auf meinem Macintosh PowerBook zu sichern, und es stattdessen die Daten so gründlich vernichtete, dass zwei verschiedene Disk-Crash-Reparaturprogramme es nicht schafften, auch nur die geringste Spur davon zu finden. Während der dazwischen liegenden zehn Jahre war ich ein leidenschaftlicher Verfechter des MacOS, was damals gerechtfertigt und vernünftig erschien, mir im Rückblick jedoch genauso dämlich vorkommt wie die Vernarrtheit des Vaters meines Freundes in sein Auto.

Die Einführung des Mac löste eine Art Heiligen Krieg in der Computerwelt aus. Waren die GUIs nun eine brillante gestalterische Neuerung, die Computer menschenzentrierter und damit für die Massen zugänglich machten und eine beispiellose Umwälzung in der menschlichen Gesellschaft herbeiführten oder waren sie ein beleidigender audiovisueller Schund, erdacht von verrückten Hackertypen aus der Bay Area, die Computer ihrer Kraft und Flexibilität beraubten und die vornehme und seriöse Arbeit am Computer in ein kindisches Videospiel verwandelten?

Diese Debatte erscheint mir heute eigentlich interessanter als Mitte der Achtzigerjahre. Die Leute haben aber mehr oder minder aufgehört, sie zu führen, als Microsoft die Grundidee der GUIs akzeptierte, indem es die ersten Windows-Systeme herausbrachte. Damals wurden die Anhänger der Befehlszeile als dumme alte Miesepeter abgetan und ein neuer Konflikt tat sich auf: der zwischen Benutzern des Mac-Betriebssystems und den Windows-Anwendern.*

Es gab viel, worüber man sich streiten konnte. Die ersten Macintoshs unterschieden sich sogar in abgeschaltetem Zustand von anderen PCs: Sie bestanden aus einem Kasten, der sowohl die Zentraleinheit (den Teil des Computers, der die Berechnungen mit den Bits durch-

---

* Folgt man einer strengen und wohl etwas altmodischen Definition von »Betriebssystem«, sind Windows 95 und 98 keine Betriebssysteme, sondern eher eine Reihe von Anwendungen, die auf MS-DOS, was ein Betriebssystem *ist*, laufen. In der Praxis werden Windows 95 und 98 als Betriebssysteme angesehen und vermarktet und deshalb werde ich sie weitgehend als solche bezeichnen. Diese Nomenklatur ist zwar technisch gesehen fragwürdig, politisch gefährlich und aus juristischer Sicht inzwischen belastet, stellt jedoch für die Belange dieses Essays, in dem es vor allem um ästhetische und kulturelle Aspekte geht, die beste Lösung dar.

führt) als auch den Bildschirm enthielt. Das wurde damals wie eine philosophische These angepriesen: Apple wollte den Personal Computer zu einem dem Toaster vergleichbaren Haushaltsgerät machen. Der Aufbau spiegelte aber auch die rein technischen Voraussetzungen wieder, die für das Funktionieren einer grafischen Benutzeroberfläche erfüllt sein mussten. Bei einem GUI-Rechner müssen die Chips, die Dinge auf den Bildschirm zeichnen, in die CPU, die Zentraleinheit des Computers, integriert sein, ganz anders als bei befehlsorientierten Benutzeroberflächen, die bis vor kurzem nicht einmal wussten, dass sie nicht nur mit Fernschreibern sprachen.

Dieser Unterschied war technischer und abstrakter Natur, wurde aber erst richtig deutlich, wenn die Maschine abstürzte. (Mit Technologien verhält es sich in der Regel so, dass man den besten Einblick in ihre Funktionsweise erhält, wenn man sieht, wie sie versagen.) Wenn gar nichts mehr ging und die CPU anfing, Zufallsbits auszuspucken, zeigten sich bei einem Gerät mit befehlsorientierter Benutzeroberfläche Zeilen um Zeilen perfekt geformter, aber beliebiger Zeichen auf dem Bildschirm – Kennern bekannt als »ins Kyrillische verfallen«. Für die Mac-Betriebssyteme dagegen war der Bildschirm kein Fernschreiber, sondern ein Ort zur Erstellung von Grafik; das Bild auf dem Monitor war ein Bitmuster, also die buchstäbliche Übertragung der Inhalte eines bestimmten Teils des Computerspeichers. Wenn der Computer abstürzte und unsinniges Zeug in das Bitmuster schrieb, folgte daraus etwas, was entfernt an das statische Rauschen eines kaputten Fernsehers erinnerte – an »snow crash«, Bildschirmflimmern.

Und selbst nach der Einführung von Windows bestanden die grundlegenden Unterschiede fort; wenn eine Windows-Maschine in Schwierigkeiten geriet, fiel die alte befehlsorientierte Benutzeroberfläche über der GUI herab wie ein Asbestfeuervorhang, der die Vorbühne einer brennenden Oper abschottet. Geriet ein Macintosh in Schwierigkeiten, präsentierte er einem den Cartoon einer Bombe, den man beim ersten Mal noch lustig fand.

Das waren keineswegs nur äußerliche Unterschiede. Die Tatsache, dass Windows sich im Notfall in eine befehlsorientierte Benutzeroberfläche zurückverwandelte, diente den Mac-Anhängern als Beweis dafür, dass Windows nichts als eine billige Fassade war, einem knallbunten Afghanen vergleichbar, den man über ein abgewetztes Sofa geworfen hatte. Sie waren beunruhigt und verärgert über das Gefühl, dass unter der angeblich benutzerfreundlichen Oberfläche von Windows – buchstäblich – ein Subtext lauerte.

Die Windows-Fans ihrerseits dürften sich die bissige Bemerkung erlaubt haben, sämtliche Computer, sogar Macintoshs, seien auf demselben Subtext aufgebaut und die Weigerung der Mac-Besitzer, sich diese Tatsache einzugestehen, scheine eine Bereitwilligkeit, ja fast eine Begierde zu signalisieren, sich übertölpeln zu lassen.

Jedenfalls musste ein Macintosh einzelne Bits in den

Speicherchips auf der Grafikkarte umschalten, und zwar sehr schnell und nach willkürlichen, komplizierten Mustern. Heute ist das billig und einfach, aber unter den Anfang der Achtzigerjahre herrschenden technologischen Bedingungen war das realistischerweise nur möglich, wenn die Hauptplatine (die die Zentraleinheit enthielt) und das Videosystem (mit dem auf dem Monitor wiedergegebenen Speicher) als ein fest integriertes Ganzes konstruiert waren – daher auch der eine, hermetisch abgedichtete Kasten, der den Macintosh so unverwechselbar machte.

Als Windows herauskam, fiel es durch seine Hässlichkeit auf, und niemand würde Geld dafür ausgeben, seine aktuellen Nachfolger, Windows 95, 98 und Windows NT, bestaunen zu dürfen. Microsofts völlige Missachtung jeder Ästhetik gab uns Mac-Liebhabern ausreichend Gelegenheit, verächtlich die Nase zu rümpfen. Dass Windows ganz gefährlich nach einem bloßen Abklatsch des MacOS aussah, verlieh uns zudem noch das leidenschaftliche Gefühl moralischer Entrüstung. Unter Leuten, die Computer wirklich beherrschen und schätzten (Hacker in dem von Steven Levy gebrauchten nicht abwertenden Sinn des Wortes), und ein paar anderen Kennern wie Profimusikern, Grafikern und Lehrern war der Macintosh eine Zeit lang einfach der Computer. Er galt nicht nur als eine großartige technische Errungenschaft, sondern schien gewisse Idealvorstellungen von der Anwendung der Technologie zum Nutzen der

Menschheit zu verkörpern, während Windows als äußerst plumpe Imitation wie auch als finsterer Plan zur Beherrschung der Welt betrachtet wurde. Auf diese Weise entstand schon sehr früh ein Denkmuster, das bis heute fortbesteht: Manche Leute mögen Microsoft nicht, was in Ordnung ist; sie mögen es jedoch aus Gründen nicht, die wenig durchdacht und im Endeffekt unsinnig sind.

KLASSENKAMPF AUF DEM DESKTOP

Nun da wir die dritte Schiene fest im Griff haben, lohnt es sich, noch einmal ein paar grundlegende Fakten in Augenschein zu nehmen. Wie jede andere gewinnorientiert arbeitende Publikumsgesellschaft hat die Firma Microsoft im Prinzip von ein paar Leuten (ihren Aktionären) einen Haufen Geld geliehen, um ins Bit-Geschäft einzusteigen. Als leitender Angestellter dieser Firma hat Bill Gates nur eine Verpflichtung, nämlich die, die Kapitalrendite zu maximieren. Und das hat er unglaublich gut hingekriegt. Sämtliche Maßnahmen, die irgendwo auf der Welt von Microsoft durchgeführt wurden – jede von diesem Unternehmen herausgebrachte Software beispielsweise –, sind im Grunde Nebenprodukte, die nur insoweit interpretiert oder verstanden werden können, als sie Bill Gates' Erfüllung seiner einzigen Verpflichtung widerspiegeln.

Wenn also Microsoft Dinge verkauft, die ästhetisch nicht ansprechend sind oder nicht besonders gut funktionieren, muss das nicht automatisch bedeuten, dass die Verantwortlichen (wahlweise) Banausen oder Schwachköpfe sind. Es liegt daran, dass das hervorragende Microsoft-Management entdeckt hat, dass für die Aktionäre mehr Geld herauszuholen ist, wenn man Sachen mit offenkundigen, allgemein bekannten Unvollkommenheiten verkauft, als wenn man die Dinge wunderschön und fehlerfrei macht. Das ist ärgerlich, aber (letzten Endes) noch ärgerlicher ist es, zuzusehen, wie Apple sich aus unerfindlichen Gründen langsam, aber sicher selbst zerstört.

Im Internet stößt man allenthalben auf Ressentiments gegen Microsoft, in denen sich zwei Strömungen mischen: die Verärgerung derer, denen Microsoft zu mächtig ist, und die Verachtung der anderen, die es stillos finden. Das alles erinnert stark an die Blütezeit von Kommunismus und Sozialismus, als die Bourgeoisie von beiden Seiten gehasst wurde: von den Proleten, weil sie das ganze Geld besaß, und von den Intellektuellen, weil sie dazu neigte, es für Gartendekorationen auszugeben. Microsoft ist der Inbegriff moderner Hightech-Prosperität – bourgeois, mit einem Wort – und zieht damit genau dieselben Kritteleien auf sich.

Der Startbildschirm beim Öffnen von Microsoft Word 6.0 fasste das recht hübsch zusammen: Wenn man das Programm anklickte, kam man in den Genuss der Darstellung eines teuren emaillierten Stiftes, der quer auf ein paar besonders schönen handgeschöpften Briefpapierbögen lag. Das war offensichtlich ein Versuch, der Software einen exklusiven Anstrich zu geben, und bei manchen hat das vielleicht auch funktioniert, aber nicht bei mir, denn der Stift war ein Kugelschreiber und ich stehe auf Füllfederhalter. Apple hätte im selben Fall einen Mont-Blanc-Füller genommen, oder vielleicht einen chinesischen Kalligrafie-Pinsel. Und das war sicher kein Zufall. Vor kurzem habe ich einige Zeit damit zugebracht, auf einem meiner Heimcomputer Windows NT wieder zu installieren, und musste dabei häufig das Symbol für »Bedienungsfeld« anklicken. Aus schwer verständlichen Gründen besteht dieses Symbol aus einem Tischlerhammer und einem Beitel oder Schraubendreher, die auf einer Aktenmappe liegen.

Diese ästhetischen Schnitzer lassen das fast unkontrollierbare Verlangen in einem hochkommen, sich über Microsoft lustig zu machen, aber das ist, wie gesagt, völlig unerheblich – hätten die Verantwortlichen von Microsoft Zielgruppen mögliche Alternativgrafiken testen lassen, hätten sie vermutlich festgestellt, dass der durchschnittliche Büroangestellte auf mittlerer Ebene Füllfederhalter mit saft- und kraftlosen feinen Pinkeln im höheren Management assoziierte und sich mit Kugelschreibern wohler fühlte. Desgleichen lassen sich die ganz normalen Typen, die langsam kahl werdenden Papas der Welt, die vermutlich die Hauptlast des Einrichtens und Unterhaltens von Heimcomputern tragen, wohl am ehesten von der Darstellung eines Tischlerhammers ansprechen – vielleicht weil sie insgeheim den Wunsch hegen, ihren störrischen Computer mit einem echten zu traktieren.

Nur so kann ich mir gewisse Merkwürdigkeiten auf

dem derzeitigen Markt für Betriebssysteme erklären wie zum Beispiel die Tatsache, dass immer noch neunzig Prozent aller Kunden Kombis aus Microsoft-Produktion kaufen, während gleich auf der anderen Straßenseite kostenlose Panzer zum Mitnehmen bereitstehen.

Eine Reihe von Einsen und Nullen zu vertreiben, war für Bill Gates, nachdem er einmal über die Sache nachgedacht hatte, kein Problem. Die eigentliche Schwierigkeit bestand darin, sie zu verkaufen – den Kunden das sichere Gefühl zu geben, dass sie für ihr Geld auch wirklich etwas bekamen.

Jeder, der einmal in einem Laden eine Software gekauft hat, hat auf seltsam ernüchternde Weise erfahren, was es bedeutet, die glänzende eingeschweißte Schachtel mit nach Hause zu nehmen, sie aufzureißen, festzustellen, dass sie zu fünfundneunzig Prozent Luft enthält, all die kleinen Kärtchen, Spaßartikel und sonstiges überflüssiges Zeug wegzuwerfen und die Diskette in den Computer zu schieben. Das Endergebnis (die Diskette hat man inzwischen verloren) sind lediglich ein paar Bilder auf einem Monitor und einige Möglichkeiten, die vorher nicht vorhanden waren. Manchmal hat man jedoch noch nicht einmal das, sondern bekommt nur eine Reihe von Fehlermeldungen. Das Geld ist jedoch ein für allemal weg. Mittlerweile haben wir uns fast daran gewöhnt, aber vor zwanzig Jahren war das eine sehr riskante Geschäftsidee.

Bill Gates hat sie jedenfalls erfolgreich umgesetzt. Und das nicht, indem er die beste Software verkaufte oder den niedrigsten Preis bot. Stattdessen brachte er die Leute irgendwie dazu zu glauben, sie bekämen etwas Wertvolles für ihr Geld. In allen Städten der Welt sind die Straßen voll mit diesen wuchtigen, knatternden Kombis. Wer keinen hat, kommt sich ein bisschen komisch vor und fragt sich unwillkürlich, ob es nicht an der Zeit wäre, den Widerstand aufzugeben und auch einen zu kaufen; wer es tut, ist, selbst an den Tagen, an denen sein Fahrzeug in der Werkstatt auf der Hebebühne steht, davon überzeugt, etwas Sinnvolles erstanden zu haben.

All das deckt sich vollkommen mit der Zugehörigkeit zur Bourgeoisie, die ein ebenso mentaler wie materieller Zustand ist. Und es erklärt, warum Microsoft im Internet und anderswo regelmäßig von beiden Seiten attackiert wird. Leute, die dazu neigen, sich arm und unterdrückt zu fühlen, wittern in allem, was Microsoft tut, eine finstere Orwellsche Verschwörung. Und Leute, die sich selbst gerne als intelligente und informierte Technologieanwender sehen, macht die Plumpheit von Windows rasend.

Kultivierte Menschen finden nichts ärgerlicher als die Feststellung, dass jemand, der eigentlich reich genug ist, um es besser zu wissen, keinerlei Stil besitzt – außer vielleicht die kurz darauf gewonnene Erkenntnis, dass dieser Jemand vermutlich um seine Stillosigkeit weiß, sich kein bisschen darum schert und bis an sein Ende stillos, reich und glücklich sein wird. Daher ist die Beziehung zwischen Microsoft und der Elite des Silicon Valley dieselbe wie die zwischen den Beverly Hillbillies und ihrem pedantischen Banker Mr. Drysdale – den weniger die Tatsache stört, dass die Clampetts in seine Nachbarschaft ziehen, als vielmehr das Wissen, dass Jethro noch als Siebzigjähriger wie ein Hinterwäldler reden, Latzhosen tragen und viel reicher sein wird als Mr. Drysdale.

Sogar die Hardware, auf der Windows lief, wirkte im Vergleich zu den von Apple produzierten Geräten wie der letzte Schund, und tut es größtenteils immer noch. Das liegt daran, dass Apple eine Hardwarefirma war und ist, Microsoft dagegen eine Softwarefirma. Deshalb besaß Apple ein Monopol auf die Hardware, auf der die Mac-Betriebssyteme liefen, während Windows-kompatible Hardware vom freien Markt kam. Der freie Markt scheint beschlossen zu haben, dass die Leute ihr Geld nicht für cool aussehende Computer ausgeben; PC-Hardwarehersteller, die Designer anheuern, um ihrem Zeug ein besonderes Aussehen zu verleihen, bekommen die Quittung von taiwanesischen Klonern, deren in Massenproduktion hergestellte Kästen aussehen, als gehörten sie auf Ytongsteine vor einem Wohnwagen. Die Leute von Apple dagegen konnten ihre Hardware so schön machen, wie sie wollten und die höheren Preise einfach auf ihre völlig vernarrten Kunden wie mich abwälzen. Erst letzte Woche (diesen Satz schreibe ich Anfang Januar 1999) waren die Technologieseiten sämtlicher Zeitungen voll mit geradezu schwärmerischen Presseberichten darüber, dass Apple den iMac in verschiedenen neuen Trendfarben wie Blueberry und Tangerine herausgebracht hatte.

Die Apple-Leute haben immer darauf bestanden, ein Hardware-Monopol zu besitzen, abgesehen von einer kurzen Periode Mitte der Neunziger, als sie Klonern erlaubten, mit ihnen zu konkurrieren, bevor sie sie anschließend aus dem Geschäft drängten. Folglich war Macintosh-Hardware teuer. Man öffnete sie nicht und bastelte nicht an ihr herum, da man sonst den Garantieanspruch verlor. Genaugenommen war der erste Mac extra so gebaut worden, dass man ihn nur schwer öffnen konnte – dazu benötigte man einen Satz exotischer Werkzeuge, die über kleine, ein paar Monate nach der Markteinführung des Mac auf den hinteren Seiten von Zeitschriften auftauchende Anzeigen zu beziehen waren. Diesen Anzeigen haftete immer etwas Verrufenes an, so wie den Werbeanzeigen für Dietriche, die man auf den letzten Seiten von Krimiheftchen findet.

Diese monopolistische Politik lässt sich auf mindestens drei verschiedene Arten erklären.

Die großzügige Erklärung lautet, dass die Politik des Hardwaremonopols das Bestreben von Apple widerspiegelt, eine nahtlose, einheitliche Kombination aus Hardware, Betriebssystem und Software zur Verfügung zu stellen. Da ist etwas dran. Ein Softwareentwickler hat es schon schwer genug, wenn er ein Betriebssystem für eine ganz bestimmte Hardware herstellen soll, die von Ingenieuren entworfen und getestet wurde, die in derselben Firma auf demselben Flur arbeiten wie er. Ungleich schwieriger ist es, ein Betriebssystem zu erstellen, das auf beliebiger, jenseits der internationalen Datumsgrenze von wildgewordenen unternehmerischen Klonern auf den Markt geworfenen Hardware fehlerfrei läuft, was viele der Probleme erklärt, die die Leute mit der Anwendung von Windows haben.

Die finanzielle Erklärung lautet, dass Apple im Gegensatz zu Microsoft eine Hardwarefirma ist und immer war. Das Unternehmen ist einfach auf die Einkünfte aus dem Verkauf von Hardware angewiesen und kann ohne sie nicht existieren.

Die weniger großzügige Erklärung hat mit der Unternehmenskultur von Apple zu tun, die aus dem Babyboomertum der Bay Area hervorgegangen ist.

Da ich nun einen Moment lang über Kultur sprechen werde, sollte ich wohl zunächst meine Ausgangsposition offen legen, damit mir hinterher niemand einen Interessenskonflikt und moralische Verderbtheit vorwerfen kann: (1) Geographisch gesehen stamme ich aus Seattle, bin von düsterem Temperament und neige gegenüber der dionysischen Bay Area zu einer gewissen Griesgrämigkeit, genau wie man dort über uns eher verärgert und entsetzt ist. (2) Chronologisch gesehen gehöre ich zu der

Zeit nach dem Babyboom. Jedenfalls empfinde ich das so, weil ich nie den Spaß und die aufregenden Seiten der ganzen Boomer-Szene erlebt habe – ich habe einfach viel Zeit damit verbracht, beifällig zu kichern, wenn die Boomer ihre unerträglich witzlosen Anekdoten darüber erzählten, wie schrecklich bekifft sie bei verschiedenen Anlässen gewesen waren, und höflich auf ihre Beteuerungen zu reagieren, wie großartig doch ihre Musik gewesen sei. Aber selbst aus dieser Distanz war es möglich, bestimmte Muster zu erahnen. Eins, das mit schönster Regelmäßigkeit wiederkehrte, war die Erfahrung von Leuten, die in eine Kommune von Blumenkindern mit Jesuslatschen an den Füßen und dem Peace-Zeichen um den Hals zogen und am Ende feststellten, dass die Typen, die hinter dieser Fassade das Sagen hatten, regelrechte Kontrollfreaks waren. Und da das Leben in einer Kommune, in der ständig Lippenbekenntnisse zu den Idealen des Friedens, der Liebe und der Harmonie abgegeben wurden, ihnen jedes normale, gesellschaftlich akzeptierte Ventil dafür genommen hatte, kam dieses Kontrollbedürfnis zuweilen auf andere, ausnahmslos unheimlichere Weise heraus.

Das Gesagte auf die Firma Apple-Computer zu übertragen, soll als nicht allzu schwierige Aufgabe dem Leser selbst überlassen bleiben.

Zunächst erscheint es einem etwas merkwürdig, sich Apple als Kontrollfreak vorzustellen, da dies dem Unternehmensimage diametral zuwiderläuft. Waren das nicht die Typen, die während der Super-Bowl-Übertragung die berühmten TV-Werbespots sendeten, in denen Angestellte im Anzug mit verbundenen Augen wie Lemminge über ein Kliff marschierten? Ist das nicht die Firma, die jetzt noch Anzeigen schaltet, auf denen (außer in Hongkong) der Dalai Lama, Einstein und andere ungewöhnliche rebellische Köpfe abgebildet sind?

Es ist tatsächlich dieselbe Firma, und die Tatsache, dass es ihr gelungen ist, dieses Image von sich selbst als einer Gruppe kreativer, rebellischer Freidenker in den Köpfen so vieler intelligenter und mediengestählter Skeptiker zu verankern, gibt einem zu denken. Es beweist die heimtückische Macht kostspieliger professionell durchgeführter Werbekampagnen und in gewissem Maß vielleicht auch das Wunschdenken in den Köpfen von Leuten, die auf sie hereingefallen sind. Zudem stellt sich die Frage, warum die PR von Microsoft so schlecht ist, wo doch die Firmengeschichte von Apple zeigt, dass man durch das Ausstellen dicker Schecks an gute Werbeagenturen ein Firmenimage, das in keiner Weise der Realität entspricht, in die Köpfe intelligenter Menschen einpflanzen kann. (Die Antwort für Leute, die heikle Fragen nicht mögen, lautet, dass sich Microsoft, da es Herz und Verstand der schweigenden Mehrheit – der Bourgeoisie – gewonnen hat, den Teufel darum schert, ob es als durchtrieben gilt, genauso wenig wie Dick Nixon es tat. »Ich will glauben«, – das Mantra, das Fox Mulder in *Akte X* an der Wand seines Büros hängen hat – lässt sich in verschiedener Weise auf diese beiden Firmen anwenden: Mac-Anhänger wollen an das durch diese Anzeigen vermittelte Image von Apple und an die Vorstellung, dass Macs sich irgendwie grundlegend von anderen Computern unterscheiden, glauben, während Windows-Leute glauben wollen, dass sie etwas für ihr Geld bekommen (und dabei Teil einer seriösen geschäftlichen Transaktion sind.)

Jedenfalls waren ab 1987 sowohl MacOS als auch Windows auf dem Markt und liefen auf Plattformen, die sich grundlegend voneinander unterschieden, nicht nur insofern als MacOS Motorola CPU-Chips benutzte, Windows dagegen Intel, sondern in dem – damals kaum erkannten, auf lange Sicht jedoch wesentlich bedeutenderen – Sinne, dass das Apple-Hardwaregeschäft ein striktes Monopol war, während auf der Windowsseite ein wildes Gerangel herrschte.

In ihrem vollen Umfang wurden diese Probleme jedoch erst vor kurzem deutlich – ja im Grunde genommen entfalten sie sich erst allmählich auf höchst sonderbare Weise, wie ich erklären werde, wenn wir über Linux sprechen. Das Ergebnis ist jedenfalls, dass Millionen von Leuten sich daran gewöhnt haben, GUIs in der einen oder anderen Form anzuwenden. Dadurch haben sie Apple/Microsoft zu einer Menge Geld verholfen. Das Vermögen vieler Leute steht und fällt mittlerweile mit der Fähigkeit dieser Firmen, weiterhin Produkte zu verkaufen, deren Verkäuflichkeit mit vielen Fragezeichen versehen ist.

HONIGTOPF, TEERGRUBE, WAS AUCH IMMER

Als Gates und Allen die Idee entwickelten, Software zu verkaufen, zogen sie sich die Kritik sowohl von Hackern als auch von vernünftigen Geschäftsleuten zu. Die Hacker fanden, Software sei nichts als Information, und wandten sich gegen den Gedanken, sie zu verkaufen. Diese Einwände waren zum Teil moralischer Natur, denn die Hacker kamen aus der wissenschaftlich-akademischen Welt, wo es selbstverständlich ist, die Ergebnisse der eigenen Arbeit der Öffentlichkeit frei zugänglich zu machen. Sie hatten aber auch einen praktischen Aspekt: Wie kann man etwas verkaufen, was so leicht zu kopieren ist? Die Geschäftsleute, in so vieler Hinsicht das genaue Gegenteil von Hackern, hatten ihre eigenen Einwände. An den Verkauf von Toastern und Versicherungspolicen gewöhnt, brauchten sie lange, bis sie verstanden hatten, dass eine lange Aneinanderreihung von Einsen und Nullen ein verkäufliches Produkt darstellen konnte.

Microsoft setzte sich offensichtlich gegen diese Einwände durch, und Apple ebenso. Doch es gibt sie weiterhin. Der hackerischste aller Hacker, der Ur-Hacker sozusagen, war und ist Richard Stallman, der sich über die

Unsitte des Verkaufs von Software so aufregte, dass ihm 1984 (im selben Jahr, als der Macintosh auf den Markt kam) der Kragen platzte und er die so genannte Free Software Foundation gründete, die ihre Arbeit am so genannten GNU aufnahm. GNU steht für Gnu's Not Unix (Gnu ist nicht Unix), aber das ist in mehrfacher Hinsicht ein Witz, da GNU höchstwahrscheinlich ein funktionsfähiger Ersatz für Unix *ist*. Aus urheberrechtlichen Gründen (AT&T hat »Unix« markenrechtlich schützen lassen und besitzt das Copyright auf die darin enthaltenen Programme) durften sie einfach nicht behaupten, es sei Unix, und so beteuerten sie, um auch wirklich auf der sicheren Seite zu sein, dass es das nicht sei. Obwohl Mr. Stallman und andere GNU-Anhänger unglaublich viel Begabung und Elan besaßen, ähnelte ihr Projekt, ein freies Unix zu schaffen, doch ein bisschen dem Versuch, mit einem Teelöffel einen U-Bahn-Tunnel zu graben. Allerdings nur bis zum Erscheinen von Linux.*

Der ursprüngliche Gedanke, ein Betriebssystem von Grund auf neu zu schaffen, war aber durchaus vernünftig und realisierbar. Das ist schon oft gemacht worden. Es liegt einfach in der Natur von Betriebssystemen.

Betriebssysteme sind nicht zwingend notwendig. Es

---

* Stallman besteht darauf, dass dieses Betriebssystem grundsätzlich GNU/Linux genannt wird, und hat durchaus gute Gründe dafür: Die Rolle des GNU-Projekts soll gebührend gewürdigt werden. In der Praxis spricht eigentlich jeder nur von Linux. Im Rahmen dieses Essays möchte ich die Rolle von GNU dadurch betonen, dass ich es ausdrücklich beschreibe, statt die GNU/Linux-Nomenklatur zu verwenden.

gibt keinen Grund, warum ein hinreichend begabter Codierer nicht bei jedem Projekt ganz von vorne anfangen und neue Codes schreiben sollte, um so grundlegende maschinenorientierte Operationen wie die Steuerung der Lese-/Schreibköpfe auf den Plattenlaufwerken und das Beleuchten von Pixels auf dem Bildschirm auszuführen. Die allerersten Computer mussten noch so programmiert werden. Seit aber nahezu jedes Programm dieselben Basisoperationen verlangt, würde dieser Ansatz ohne weiteres zu einer Verdopplung des Arbeitsaufwands führen.

Nichts geht einem Hacker mehr gegen den Strich als eine Verdopplung des Arbeitsaufwands. Die erste und wichtigste Denkgewohnheit, die Leute sich zulegen, wenn sie lernen, Computerprogramme zu schreiben, ist die: Verallgemeinern, Verallgemeinern, Verallgemeinern. Ihren Code so modular und flexibel wie möglich machen, indem sie große Probleme in kleine Unterprogramme aufgliedern, die dann in unterschiedlichen Zusammenhängen immer wieder eingesetzt werden können. Folglich war die Entwicklung von Betriebssystemen zwar technisch unnötig, aber dennoch unvermeidlich. Im Kern ist ein Betriebssystem nämlich nichts anderes als eine Bibliothek mit den am häufigsten gebrauchten Codes, die einmal (hoffentlich gut) geschrieben und dann jedem Codierer, der sie braucht, zur Verfügung gestellt wurden.

Ein lizenziertes, geschlossenes, geheimes Betriebssystem ist also ein Widerspruch in sich. Es steht dem eigentlichen Sinn eines Betriebssystems diametral entgegen. Und sie geheim zu halten ist sowieso unmöglich. Der Quellcode – die ursprünglichen vom Programmierer geschriebenen Textzeilen – kann geheim gehalten werden. Ein Betriebssystem als Ganzes ist eine Sammlung kleiner Unterprogramme, die sehr spezielle, sehr klar definierte Aufgaben übernehmen können. Was diese Unterprogramme tun, ist genau das, was in möglichst ausführlicher und präziser Form öffentlich gemacht werden muss, soll das Betriebssystem für Programmierer nicht völlig nutzlos sein; sie können diese Unterprogramme nicht verwenden, wenn sie zuvor nicht bis in die kleinste Einzelheit verstanden haben, was die Unterprogramme tun.

Das Einzige, was nicht öffentlich gemacht wurde, ist gerade die Darstellung, wie die Unterprogramme tun, was sie tun. Weiß man aber einmal, was ein Unterprogramm tut, ist es in der Regel recht einfach (falls man ein Hacker ist), ein eigenes zu schreiben, das ganz genau dasselbe tut. Es dauert vielleicht eine Weile und es ist eine langweilige, undankbare Tätigkeit, aber in den meisten Fällen ist es eigentlich nicht schwierig. Das Schwierige beim Hacken wie bei der Schriftstellerei ist nicht das Schreiben selbst; es ist die Entscheidung, was man schreibt. Und die Verkäufer kommerzieller Betriebssysteme haben sich bereits entschieden und ihre Entscheidungen veröffentlicht.

Das hat man schon vor langer Zeit verstanden. MS-

DOS wurde in seinen Funktionen von einem Konkurrenzprodukt namens ProDOS, das völlig unabhängig davon geschrieben wurde und alles auf ganz ähnliche Weise machte, dupliziert. Mit anderen Worten, eine andere Firma war in der Lage, einen Code zu schreiben, der genau dieselben Dinge tat wie MS-DOS, und mit Gewinn zu verkaufen. Wer das Linux-Betriebssystem benutzt, kann ein kostenloses Programm namens WINE, einen Windows-Emulator, bekommen; das heißt, man kann ein Fenster auf seinem Desktop öffnen, in dem Windows-Programme laufen. Das bedeutet, dass ein vollkommen funktionstüchtiges Windows-Betriebssystem wie ein Flaschenschiff innerhalb von Unix neu geschaffen wurde. Und Unix selbst, das sehr viel weiter entwickelt ist als MS-DOS, wurde viele Male von Grund auf erstellt. Versionen davon werden von Sun, Hewlett-Packard, AT&T, Silicon Graphics, IBM und anderen vertrieben.

Mit anderen Worten, grundlegende Betriebssystemcodes werden nun schon so lange neu geschrieben, dass die ganze Technologie, die ein »Betriebssystem« im traditionellen (vor-GUI) Sinn des Wortes ausmachte, mittlerweile so billig und gewöhnlich ist, dass man sie buchstäblich umsonst bekommt. Heute könnten Gates und Allen MS-DOS nicht nur nicht verkaufen, sie könnten es nicht einmal verschenken, da schon viel stärkere Betriebssysteme verschenkt werden. Sogar Original-Windows ist wertlos geworden, denn es hat wenig Sinn, etwas zu besitzen, was im Rahmen von Linux – einer freien Software – emuliert werden kann.

In dieser Hinsicht unterscheidet sich das Geschäft mit Betriebssystemen von dem Geschäft mit, sagen wir mal, Autos. Sogar ein altes, heruntergekommenes Auto hat einen gewissen Wert. Man kann damit immerhin noch Ausflüge zur Müllkippe machen oder es ausschlachten. Es ist das Los aller Industriegüter, beim Älterwerden langsam, aber sicher an Wert zu verlieren und sich gegen modernere Produkte behaupten zu müssen.

Das Los von Betriebssystemen dagegen ist es, kostenlos verfügbar zu werden.

Microsoft ist ein großartiger Anwendungsprogrammhersteller. Anwendungsprogramme wie z.B. Microsoft Word stellen einen Bereich dar, in dem Innovationen den Anwendern reale, direkte, greifbare Gewinne bringen. Solche Innovationen können in neuer Technologie unmittelbar aus der Forschungsabteilung bestehen oder vielleicht auch zur Kategorie Extras gehören, jedenfalls sind sie oft nützlich und scheinen Anwender glücklich zu machen. Und Microsoft befindet sich auf dem Weg, ein großartiges Forschungsunternehmen zu werden. Microsoft ist aber kein so großartiger Betriebssystemhersteller. Und das nicht unbedingt deshalb, weil seine Betriebssysteme rein technologisch gesehen so schlecht wären. Sie haben zwar ihre Macken, sind aber mittlerweile viel besser als früher und für die meisten Leute genau das Richtige.

Warum behaupte ich aber dann, Microsoft sei kein so großartiger Betriebssystemhersteller? Weil es dem Wesen von Betriebssystemen widerspricht, dass eine bestimmte Firma sie entwickelt und besitzt. Erstens ist es ein undankbarer Job. Anwendungsprogramme schaffen Möglichkeiten für Millionen leichtgläubiger Anwender, während Betriebssysteme Tausenden grantiger Codierer Einschränkungen auferlegen und die Macher von Betriebssystemen es damit bei allen wichtigen Leuten in der Hightech-Szene verschissen haben. Anwendungsprogramme werden von Leuten benutzt, deren großes Problem darin besteht, sie in allen ihren Einzelheiten zu verstehen, während Betriebssysteme von Codierern gehackt werden, die sich über deren Beschränkungen ärgern. Das Geschäft mit Betriebssystemen hat sich für Microsoft nur insofern gelohnt, als es dem Unternehmen das Geld eingebracht hat, das es brauchte, um erfolgreich ins Anwendungsprogrammgeschäft einzusteigen und eine Menge gescheiter Leute für seine Forschungsabteilung anzuheuern. Jetzt sollte es aber wie die abgebrannten Booster einer Rakete wirklich abgestoßen werden. Es fragt sich nur, ob Microsoft dazu in der Lage ist. Oder ist es dem Verkauf von Betriebssystemen ebenso verfallen wie Apple dem von Hardware?

Man darf nicht vergessen, dass die Fähigkeit der Firma Apple, das Monopol auf ihre eigene Hardware zu besitzen, einmal von Fachleuten als ein großer Vorteil gegenüber Microsoft gelobt wurde. Damals schien sie Apple in eine viel stärkere Position zu bringen. Am Ende hat sie das Unternehmen jedoch fast ruiniert und die Gefahr ist noch nicht gebannt. Das Problem bestand für Apple darin, dass die meisten der Computeranwender weltweit sich letztlich billigere Hardware zulegten. Darauf läuft jedoch das MacOS nicht, so dass diese Leute zu Windows übergingen.

Ersetzt man »Hardware« durch »Betriebssysteme« und »Apple« durch »Microsoft«, erkennt man, dass dasselbe Spielchen von vorne losgeht. Microsoft dominiert den Betriebssystemmarkt, was dem Unternehmen Geld einbringt und bisher eine tolle Sache zu sein scheint. Mittlerweile sind jedoch billigere und bessere Betriebssysteme erhältlich und in den Teilen der Welt, die mit Computern nicht so überversorgt sind wie die Vereinigten Staaten, werden sie immer beliebter. In zehn Jahren werden weltweit gesehen die meisten Computeranwender auf diese billigeren Betriebssysteme umgestiegen sein. Bisher läuft jedoch kein einziges Microsoftanwendungsprogramm darauf, so dass diese Leute etwas anderes nehmen werden.

Um es noch direkter zu sagen: Immer wenn sich jemand für ein Betriebssystem, das nicht von Microsoft ist, entscheidet, verliert die Betriebssystemabteilung von Microsoft einen Kunden. Wie die Dinge im Moment stehen, verliert damit aber auch die Anwendungsprogrammabteilung von Microsoft einen Kunden. Das ist nicht so schlimm, solange noch fast jeder ein Betriebssystem von Microsoft benutzt. Sobald aber der Marktanteil von Windows ins Rutschen gerät, sieht die Rechnung für die Leute in Redmond allmählich ungünstig aus.

Dem wäre entgegenzuhalten, dass Microsoft doch einfach seine Anwendungsprogramme so rückübersetzen könnte, dass sie unter anderen Betriebssystemen laufen. Diese Strategie würde aber dem normalen Unternehmensdenken ziemlich zuwider laufen. Hier ist das Beispiel von Apple wieder sehr aufschlussreich. Als die Situation für das Unternehmen brenzlig zu werden begann, hätte es seine Betriebssysteme für billigere PC-Hardware anwendbar machen sollen. Das tat es nicht. Statt dessen versuchte es, das Meiste aus seiner brillanten Hardware herauszuholen, indem es weitere Leistungsmerkmale hinzufügte und die Produktpalette erweiterte. Das hatte aber nur zur Folge, dass seine Betriebssysteme auch noch von diesen neuen Leistungsmerkmalen abhängig wurden, was die Situation letztlich nur verschlimmerte.

Wenn nun also die Position von Microsoft auf dem Betriebssystemmarkt bedroht ist, werden ihre Unternehmensinstinkte die Firmenleitung dazu bringen, weitere Leistungsmerkmale in ihre Betriebssysteme einzubauen und ihre Anwendungsprogramme so umzumodeln, dass sie diese besonderen Merkmale voll ausschöpfen. Damit werden sie jedoch abhängig von einem Betriebssystem mit sinkendem Marktanteil und ihre Position verschlechtert sich am Ende noch mehr.

Der Betriebssystemmarkt ist eine Todesfalle, eine Teergrube, ein Morast tiefster Verzweiflung. Es gibt nur zwei Gründe, in Apple und Microsoft zu investieren. (1) Jedes dieser Unternehmen befindet sich in der Beziehung zu seinen Kunden in einer so genannten Koabhängigkeit. Die Kunden *wollen glauben* und Apple und Microsoft wissen, wie sie ihnen geben können, was sie wollen. (2) Beide Firmen bemühen sich nach Kräften, ihren Betriebssystemen weitere Leistungsmerkmale hinzuzufügen, was wenigstens eine Zeit lang die Loyalität der Kunden sicherstellt.

Kein Wunder also, dass es im Folgenden hauptsächlich um diese beiden Punkte gehen wird.

DIE TECHNOSPHÄRE

Unix ist das letzte Betriebssystem, dessen GUI (eine lange Folge von Code namens XWindow System) noch vom Betriebssystem im alten Sinne des Wortes getrennt ist. Das heißt, wenn man will, kann man Unix im reinen Befehlszeilenmodus laufen lassen, ohne Fenster, Icons, Mäuse oder was auch immer, und es ist trotzdem Unix und als solches in der Lage, alles zu tun, was man von Unix erwartet. Bei den anderen Betriebssystemen – dem MacOS, der Windows-Familie und dem BeOS – dagegen sind die GUIs derart mit den althergebrachten Betriebssystemfunktionen verquickt, dass sie im GUI-Modus laufen müssen, weil sie sonst eigentlich gar nicht funktionieren. Deshalb kann man sich die Grafischen Benutzeroberflächen im Grunde nicht mehr als etwas von den Betriebssystemen Unterschiedenes vorstellen; sie sind inzwischen zu einem unlösbaren Teil des zugehörigen Betriebssystems geworden – und zwar bei weitem dem größten und obendrein dem Teil, dessen Herstellung bei weitem am teuersten und am schwierigsten ist.

Es gibt nur zwei Wege, ein Produkt zu verkaufen: über den Preis und über seine Merkmale. Wenn Betriebssysteme umsonst sind, können die entsprechenden Firmen nicht über den Preis konkurrieren, also konkurrieren sie über die Merkmale. Das bedeutet, dass sie ständig versuchen, einander auszustechen, indem sie Code schreiben, der bis vor kurzem noch gar nicht als Teil eines Betriebssystems galt: Sachen wie Grafische Benutzeroberflächen. Das sagt viel über das Verhalten dieser Unternehmen aus.

Es erklärt zum Beispiel, warum Microsoft seinen Betriebssystemen einen Browser beigefügt hat. An kostenlose Browser kommt man genauso einfach wie an kostenlose Betriebssysteme. Wenn Browser gratis sind und Betriebssysteme auch, sollte man doch meinen, dass es keine Möglichkeit gibt, mit dem einen oder anderen Geld zu verdienen. Wenn man aber einen Browser in das Betriebssystem integrieren und dadurch beide mit neuen Leistungsmerkmalen versehen kann, hat man ein verkäufliches Produkt.

Lassen wir mal einen Moment die Tatsache außer Acht, dass so etwas die Antitrust-Juristen der Regierung wahnsinnig macht, dann ist diese Strategie durchaus sinnvoll. Zumindest, wenn man davon ausgeht (wie das Microsoft-Management es anscheinend tut), dass das Betriebssystem um jeden Preis geschützt werden muss. Die eigentliche Frage lautet, ob man sich an jeden neuen technologischen Trend, der daher kommt, klammern sollte, um die beherrschende Position des Betriebssystems zu erhalten. Mit dem Phänomen Internet konfrontiert, mussten die Microsoft-Leute einen wirklich guten

Webbrowser entwickeln, und das taten sie. Doch dann standen sie vor einer Entscheidung: Sie hätten diesen Browser für viele verschiedene Betriebssysteme lauffähig machen können, was Microsoft eine starke Position in der Internetszene verschafft hätte, egal was mit ihrem Betriebssystemmarktanteil passiert. Oder sie konnten den Browser als Einheit mit dem Betriebssystem erscheinen lassen und darauf setzen, dass letzteres dadurch so modern und sexy aussähe, dass es zur Erhaltung ihrer Vormachtstellung auf diesem Markt beitrüge. Das Problem ist nur, dass die Marktposition der Microsoft-Betriebssysteme, wenn sie ins Rutschen gerät (und da sie gegenwärtig bei etwa neunzig Prozent liegt, kann es letztlich nur bergab gehen), alles andere mit in die Tiefe ziehen wird.

Im Geologieunterricht auf dem Gymnasium hat man uns beigebracht, dass alles Leben auf der Erde sich unter einer hauchdünnen Hülle, der Biosphäre, abspielt, die gefangen ist zwischen Tausenden von Meilen toten Felsgesteins unter uns und kaltem, totem, radioaktivem, leerem Raum über uns. Unternehmen, die Betriebssysteme verkaufen, befinden sich in einer Art Technosphäre. Darunter liegt Technologie, die bereits kostenlos verfügbar ist, und darüber solche, die noch entwickelt werden muss oder die zu verrückt und spekulativ ist, um jetzt schon als Produkt vertrieben zu werden. Ebenso wie die Biosphäre der Erde ist die Technosphäre, verglichen mit dem was darüber und darunter liegt, sehr dünn.

Sie bewegt sich aber viel schneller. In verschiedenen Teilen unserer Erde ist es möglich, reiche Fossilienlager zu besichtigen, in denen Skelette übereinander gestapelt liegen, die jüngeren obendrauf und ältere weiter unten. Theoretisch reichen sie bis zum ersten einzelligen Organismus zurück. Und wenn man seine Fantasie ein wenig bemüht, kann man sehen, dass man, wenn man nur lange genug wartet, ebenfalls dort versteinert und mit der Zeit ein paar noch höher entwickelte Organismen in der Schicht über einem versteinern.

Die Fossiliengeschichte – die La-Brea-Teergrube – der Softwaretechnologie ist das Internet. Alles, was dort auftaucht, ist frei verfügbar (möglicherweise illegal, aber kostenlos). Die Manager von Unternehmen wie Microsoft müssen sich an die – in anderen Industriezweigen unvorstellbare – Erfahrung gewöhnen, Millionen von Dollar in die Entwicklung neuer Technologien wie Webbrowser zu stecken und dann zu sehen, wie dieselbe oder eine gleichwertige Software zwei Jahre, ein Jahr oder auch nur ein paar Monate später kostenlos im Internet steht.

Indem sie weiterhin neue Technologien entwickeln und ihren Produkten neue Leistungsmerkmale geben, können sie dem Versteinerungsprozess einen Schritt voraus sein, aber an manchen Tagen müssen sie sich vorkommen wie Mammuts, die in der La-Brea-Teergrube gefangen sind und ihre ganze Energie zusammennehmen, um die Füße immer wieder aus dem zähen heißen Teer zu ziehen, der sie bedecken und einhüllen will.

Das Überleben in der Biosphäre erfordert scharfe Stoßzähne und schwere, stampfende Füße an einem Ende der Organisation, und darüber verfügt Microsoft bekanntermaßen. Doch die anderen Mammuts in den Teer zu trampeln, kann einen nur für eine gewisse Zeit am Leben erhalten. Es besteht nämlich die Gefahr, dass diese Unternehmen in ihrem übereifrigen Bemühen, nur nicht in die Fossilienlager zu geraten, das vergessen, was darüber liegt: das Reich neuer Technologie. Mit anderen Worten, sie müssen an ihren primitiven Waffen und groben Wettbewerbsinstinkten festhalten, aber auch kraftvolle Gehirne entwickeln. Genau das scheint Microsoft mit seiner Forschungsabteilung zu tun, in die von allen Seiten kluge Köpfe geholt wurden. (An dieser Stelle sollte ich erwähnen, dass ich zwar einige Leute aus dieser Abteilung kenne und mit ihnen Kontakt habe, wir aber nie über geschäftliche Dinge reden und ich wenig bis gar keine Ahnung habe, was sie dort eigentlich machen. Über Microsoft habe ich durch die Arbeit mit dem Linux-Betriebssystem wesentlich mehr gelernt, als ich je durch die Verwendung von Windows hätte lernen können.)

Es ist unwichtig, wie Microsoft bisher Geld verdient hat; heute verdient das Unternehmen durch eine Art zeitliche Arbitrage. Bei der »Arbitrage« im herkömmlichen Sinn verdient man Geld, indem man unterschiedliche Preise für dasselbe Produkt auf verschiedenen Märkten ausnutzt. Es ist also, anders ausgedrückt, ein räumliches Phänomen, bei dem es darauf ankommt, dass der Arbitrageur weiß, wie es zur selben Zeit an verschiedenen Orten aussieht. Microsoft verdient Geld, indem es unterschiedliche Preise für Technologie zu verschiedenen Zeiten ausnutzt. Bei der zeitlichen Arbitrage, wenn ich diesen Begriff prägen darf, kommt es darauf an, dass der Arbitrageur weiß, für welche Technologien die Leute im nächsten Jahr Geld ausgeben und wie bald danach dieselben Technologien kostenlos verfügbar sein werden. Gemeinsam haben räumliche und zeitliche Arbitrage, dass sie beide darauf angewiesen sind, dass der jeweilige Arbitrageur ausgesprochen gut informiert ist: der eine über ein Preisgefälle zu gegebener Zeit zwischen verschiedenen Orten und der andere über ein Preisgefälle an einem gegebenen Ort über eine gewisse Zeit hinweg.

Also lassen Apple und Microsoft fast täglich neue Leistungsmerkmale auf ihre Anwender herabregnen, in der Hoffnung, dass ein stetiger Strom technischer Neuerungen in Kombination mit dem »Ich will glauben«-Phänomen verhindert, dass ihre Kunden einen Blick über die Straße hinweg auf die billigeren und besseren Betriebssysteme werfen, die dort zu haben sind. Die Frage ist, ob das auf die Dauer sinnvoll ist. Wenn Microsoft ebenso an Betriebssystemen klebt wie Apple an Hardware, werden sie Haus und Hof auf ihre Betriebssysteme verwetten und ihre ganzen neuen Anwendungsprogramme und Technologien daran binden. Ihr weiteres Überleben wird dann von diesen zwei Dingen abhängen: dem Hinzufügen neuer Merkmale zu ihren Betriebssystemen, damit die Kunden nicht zu billigeren Alternativen übergehen, und der Aufrechterhaltung des Bildes, das diesen Kunden auf wundersame Weise das Gefühl gibt, sie bekämen etwas für ihr Geld.

Letzteres ist ein wirklich sonderbares und interessantes kulturelles Phänomen.

Interface Culture*

Vor ein paar Jahren kam ich einmal in ein Lebensmittelgeschäft, wo sich mir folgendes *tableau vivant* bot: Nahe dem Eingang stand ein junges Paar vor einem großen Regal mit Kosmetikartikeln. Der Mann hielt seiner Freundin phlegmatisch einen Einkaufskorb hin, während sie Klarsichtpackungen mit Make-up aus dem Regal räumte und in den Korb türmte. Seitdem war der Mann für mich das Sinnbild einer interessanten menschlichen Tendenz: Es macht uns nicht nur nichts aus, von industriell gefertigten Bildern geblendet zu werden, wir mögen es sogar. Wir bestehen praktisch darauf. Höchst bereitwillig machen wir uns zu Komplizen bei unserer eigenen Blendung: indem wir für einen Ausflug in den Themenpark zahlen, für einen Kerl stimmen, der uns offensichtlich belügt, oder dastehen und den Korb halten, während er mit Kosmetikartikeln gefüllt wird.

Vor kurzem war ich in Disney World, genauer gesagt, im so genannten Magic Kingdom, und ging die Main

---

* Für diese Kapitelüberschrift entschuldige ich mich bei Steven Johnson, dem Autor von *Interface Culture: How New Technology Transforms the Way We Create and Communicate*, Harper San Francisco (1997) und Basic Books (1999) (dt.: *Interface Culture. Wie neue Technologien Kreativität und Kommunikation verändern,* Klett Cotta Verlag, Stuttgart 2000).

Street USA entlang. Das ist ein perfektes knusperhäuschenartiges viktorianisches Städtchen mit einem Disneyschloss als größter Attraktion. Es war sehr voll; man schob sich eher vorwärts als dass man ging. Unmittelbar vor mir stand ein Mann mit einem Camcorder. Es war eine der neueren Kameras, bei denen man statt durch den Sucher zu blinzeln auf einen Farbflachbildschirm von der Größe einer Spielkarte schaut, der alles, was der Camcorder sieht, live überträgt. Er hielt das Gerät nah an sein Gesicht, so dass ihm dadurch der Blick versperrt wurde. Statt gratis eine echte kleine Stadt anzuschauen, hatte er Geld bezahlt, um eine nachgemachte zu sehen, und statt sie mit eigenen Augen zu betrachten, schaute er sie sich im Fernsehen an.

Und statt zu Hause zu bleiben und ein Buch zu lesen, beobachtete ich ihn.

Die Vorliebe der Amerikaner für indirekte Erfahrungen ist nur allzu offensichtlich und ich werde sie hier nicht auch noch in Grund und Boden verdammen. Ich werde mir sogar rotzige Bemerkungen darüber verkneifen – schließlich war ich ja selbst als zahlender Kunde in Disney World. Sie hat aber eindeutig mit dem ungeheuren Erfolg der GUIs zu tun und deshalb muss ich ein bisschen darüber reden. Die Disney-Leute schaffen besser als irgendjemand sonst indirekte Erfahrungen. Wenn sie verstünden, was Betriebssysteme sind und warum Leute sie benutzen, könnten sie Microsoft in ein oder zwei Jahren verdrängen.

In dem »Animal Kingdom« genannten Teil von Disney World gibt es eine neue Attraktion namens Maharadscha-Dschungel-Treck. Als ich dort war, war sie für Vorbesichtigungen geöffnet. Es ist Stein für Stein die vollständige Reproduktion einer hypothetischen Ruine im indischen Dschungel. Die Hintergrundgeschichte besagt, sie sei im 16. Jahrhundert von einem ortsansässigen Radscha als Wildreservat gebaut worden. Dorthin habe er sich mit seinen fürstlichen Gästen begeben, um bengalische Tiger zu jagen. Im Laufe der Zeit sei sie verfallen und die Tiger und Affen hätten sich ihrer bemächtigt; am Ende, um die Zeit, als Indien unabhängig wurde, habe man sie zum staatlichen Wildschutzgebiet erklärt, das jetzt für Besucher offen sei.

Der Ort entspricht dem, was ich gerade beschrieben habe, eher als irgendein Gebäude, das man tatsächlich in Indien finden würde. Sämtliche Steine in den verfallenen Mauern sind verwittert, als wären Monsunregen Jahrhunderte lang an ihnen herabgetröpfelt, ebenso ist die Farbe an den prächtigen Wandgemälden abgeblättert und verblasst und bengalische Tiger räkeln sich zwischen den Stümpfen zerbrochener Säulen. Wo an der alten Konstruktion moderne Reparaturen vorgenommen wurden, hat man es nicht so gemacht, wie Ingenieure von Disneys es machen würden, sondern so sparsam, wie indische Hausmeister – mit Bambusstücken und verrostetem Betonstahl. Der Rost ist natürlich aufgemalt und durch eine durchsichtige Plastikbeschichtung vor echtem Rost geschützt, was man aber nur erkennt, wenn man sich ganz nah hinunterbückt.

An einer Stelle geht man an einer Steinmauer mit einer Reihe dicht nebeneinander eingeschnitzter alter Friese entlang. Vielleicht durch die Folgen eines längst vergessenen Erdbebens ist ein Ende der Mauer abgebrochen und hat sich in die Erde gesenkt, so dass über ein oder zwei Bilder ein breiter, gezackter Riss verläuft; die Geschichte ist aber immer noch zu erkennen: zuerst führt das Ur-Chaos zum Gedeihen vieler Tierarten. Als nächstes sehen wir den Baum des Lebens, umgeben von unterschiedlichen Tieren. Das ist eine eindeutige Anspielung (oder, im Jargon des Showbusiness, eine Zusatzverwertung) auf den riesigen Baum des Lebens, der das Zentrum von Disneys Animal Kingdom ebenso beherrscht wie das Schloss das Magic Kingdom oder die Geosphäre Epcot. Er ist aber in historisch korrektem Stil wiedergegeben und könnte vermutlich jeden täuschen, der nicht einen Doktor in indischer Kunstgeschichte hat.

Das nächste Bild zeigt einen schnauzbärtigen H. sapiens, wie er mit einem Krummschwert den Baum des Lebens fällt und die Tiere in alle Himmelsrichtungen fliehen. Auf dem danach sieht man den fehlgeleiteten Menschen, wie er inmitten einer modernen, vermutlich durch seine Dummheit ausgelösten Sintflut von einer Flutwelle verschluckt wird.

Das letzte Bild zeigt dann den jungen Baum des Lebens, der langsam wieder wächst, doch jetzt hat der

Mensch die scharfe Waffe weggeschmissen und sich zu den anderen Tieren um ihn herum gesellt, um ihn zu bewundern und zu preisen.

Es ist, mit anderen Worten, die Prophezeiung eines Engpasses, nämlich das heute unter Umweltschützern allgemein angenommene Szenario, dass der Welt eine Periode schwerer ökologischer Krisen bevorsteht, die ein paar Jahrzehnte oder Jahrhunderte andauern und zu Ende sein wird, wenn wir einen neuen, harmonischen Modus Vivendi mit der Natur gefunden haben.

Als Ganzes ist das Fries ein verdammt gutes Stück Arbeit. Es ist offenkundig keine alte indische Ruine, und eine jetzt lebende Person oder Gruppe verdient die Anerkennung dafür. Im Wildreservat des Maharadschas in Disney World finden sich jedoch nirgendwo Unterschriften, denn es würde die ganze Wirkung zerstören, wenn wie im Nachspann von Hollywoodfilmen von jedem eigens verwitterten Stein eine lange Liste mit den Namen der daran Beteiligten herabbaumeln würde.

Unter den Autoren von Hollywood hat Disney den Ruf, eine richtige böse Stiefmutter zu sein. Der Grund ist unschwer zu erkennen. Disneys Geschäft besteht darin, nahtlose Illusion zu produzieren – einen Zauberspiegel, der die Welt besser widerspiegelt, als sie ist. Ein Autor spricht aber im wahrsten Sinne des Wortes zu seinen Lesern, er schafft nicht nur eine Atmosphäre oder präsentiert ihnen etwas, was sie anschauen sollen. Die Befehlszeilenschnittstelle öffnet einen viel direkteren und eindeutigeren Kanal zwischen Anwender und Maschine als die GUI, und genauso verhält es sich auch mit Wörtern, Schriftsteller und Leser.

Das Wort ist letzten Endes das einzige System zum Codieren von Gedanken – das einzige Medium –, das nicht ersetzbar ist und seine eigene Auflösung im reißenden Strom der elektronischen Medien verweigert. (Die reicheren Touristen in Disney World tragen T-Shirts mit dem Namenszug berühmter Designer, denn die Designs selbst können mühelos und ungestraft kopiert werden. Der einzige Weg, Kleidung herzustellen, die nicht legal kopiert werden darf, besteht darin, urheber- und markenrechtlich geschützte Wörter darauf zu drucken; hat man diesen Schritt einmal gemacht, hat das Kleidungsstück selbst eigentlich keine Bedeutung mehr, und deshalb ist ein T-Shirt genauso gut wie irgendetwas anderes. T-Shirts mit teuren Wörtern darauf sind jetzt die Insignien der Oberschicht. T-Shirts mit billigen oder gar keinen Wörtern sind etwas fürs gemeine Volk.)

Diese spezielle Eigenschaft von Wörtern und geschriebener Kommunikation hätte auf Disneys Produkt denselben Effekt wie ein aufgesprühtes Graffiti auf einen Zauberspiegel. Deshalb greift Disney bei seiner Kommunikation nur selten auf Wörter zurück, und meistens vermisst man sie auch gar nicht. Manche von seinen älteren Figuren wie Peter Pan, Winnie der Pu und Alice im Wunderland kamen aus Büchern. Die Namen der Autoren werden jedoch, wenn überhaupt, nur selten erwähnt und die Originalbücher kann man im Disneyladen nicht kaufen. Wenn man es könnte, würden sie alle alt und komisch wirken, wie ganz schlechte Raubkopien der reineren, authentischeren Disney-Versionen. Verglichen mit neueren Produktionen wie *Die Schöne und das Biest* und *Mulan* erscheinen einem die auf Büchern basierenden Disneyfilme (vor allem *Alice im Wunderland* und *Peter Pan*) höchst seltsam und eigentlich nicht kindgerecht. Das ist logisch, da Lewis Carroll und J. M. Barrie sehr merkwürdige Menschen waren, und das geschriebene Wort ist nun einmal so beschaffen, dass ihre persönliche Merkwürdigkeit durch alle Schichten der Disneyfizierung hindurchscheint wie Röntgenstrahlen durch eine Wand. Vermutlich aus diesem Grund scheint Disney überhaupt keine Buchrechte mehr einzukaufen und sucht sich seine Themen und Figuren jetzt in Volksmärchen, die die lapidare, verwitterte Qualität der alten Ziegelsteine in den Maharadscha-Ruinen haben.

Wenn ich eine grobe Verallgemeinerung wagen darf, so haben die meisten Leute, die zu Disney World gehen, nicht das geringste Interesse daran, aus Büchern neues Gedankengut zu ziehen. Das klingt abfällig, aber andererseits macht es ihnen nichts aus, Gedanken in anderen Gewändern präsentiert zu bekommen. Disney World ist jetzt vollgestopft mit Umweltthemen und die Führer im Animal Kingdom können einem über Biologie buchstäblich die Ohren abschwätzen.

Folgte man diesen Touristen nach Hause, würde man

Kunst finden, aber es wäre die Art unsignierter Volkskunst, die man in den thematisch auf Afrika und Asien ausgerichteten Läden in Disney World kaufen kann. In der Regel scheinen sie sich nur mit solchen Medien wohl zu fühlen, die ihre Bestätigung durch hohes Alter, massive Anerkennung in der Bevölkerung oder beides gefunden haben. In dieser Welt haben Künstler den Stellenwert jener anonymen ungebildeten Steinschnitzer, die die großen Kathedralen Europas gebaut haben, um dann in namenlosen Gräbern auf dem Friedhof zu verschwinden. Die Kathedrale als Ganzes ist beeindruckend und bewegend, obwohl und vielleicht gerade weil wir keine Ahnung haben, wer sie gebaut hat. Wenn wir durch sie hindurchgehen, kommunizieren wir nicht mit einzelnen Steinschnitzern, sondern mit einer ganzen Kultur.

Disney World funktioniert genauso. Als Intellektueller, als Leser oder Autor von Büchern kann man bestenfalls darüber sagen, dass die Realisierung grandios ist. Man kann das ganze Environment aber auch leicht ein bisschen unheimlich finden, weil etwas fehlt: die Übersetzung seines gesamten Inhalts in klare, eindeutige, geschriebene Worte, die Zurückführung der Gedanken auf bestimmte Menschen. Man kann nicht mit ihm diskutieren. Es scheint, als wäre hier eine Menge vertuscht worden, als würde Disney World uns womöglich reinlegen und dann mit allen möglichen versteckten Vermutungen und konfusen Gedanken durchkommen.

Und genau das ist es, was auch beim Übergang von

der befehlsorientierten Benutzeroberfläche zur GUI verloren gegangen ist.

Disney und Apple/Microsoft befinden sich im selben Geschäft: dem Kurzschließen umständlicher eindeutiger verbaler Kommunikation durch finanziell aufwändig gestaltete Benutzeroberflächen. Disney ist eine Art Benutzeroberfläche zu sich selbst – und mehr als nur grafisch. Nennen wir es eine Sensorische Benutzeroberfläche. Sie kann auf alles in der Welt, ob real oder in der Fantasie, wenn auch unter unglaublichen Kosten, angewendet werden.

Warum lehnen wir eindeutige, textorientierte Oberflächen ab und greifen begierig nach grafischen oder sensorischen – ein Trend, der den Erfolg sowohl von Microsoft als auch von Disney erklärt?

Zum Teil liegt das einfach daran, dass die Welt jetzt sehr kompliziert ist – sehr viel komplizierter als die Welt der Jäger und Sammler, auf die die Evolution unseres Gehirns ursprünglich ausgerichtet war – und wir uns einfach nicht mit allen Einzelheiten befassen können. Wir müssen delegieren. Wir haben keine andere Wahl als irgendeinem namenlosen Künstler bei Disney oder Programmierer bei Microsoft oder Apple zuzutrauen, dass er ein paar Entscheidungen für uns trifft, manche Optionen ausschließt und uns eine hübsch verpackte Zusammenfassung liefert.

Noch wichtiger für die Beantwortung dieser Frage ist aber die Tatsache, dass im 20. Jahrhundert der Intellektualismus bekanntermaßen gescheitert ist. In Ländern wie Russland und Deutschland erklärte das einfache Volk sich bereit, seinen Einfluss auf traditionelle Lebensweisen, Sittenkodex und Religion zu lockern und es den Intellektuellen zu überlassen, die Dinge mit Macht voranzutreiben; die haben aber alles vermasselt und das Jahrhundert in ein Schlachthaus verwandelt. Die wortreichen Intellektuellen von damals waren nur langweilig; heute scheinen sie außerdem noch gefährlich zu sein.

Wir Amerikaner sind die einzigen, die bei all dem nicht irgendwann in die Pfanne gehauen wurden. Wir sind frei und wohlhabend, weil das politische System und das Wertsystem, das wir geerbt haben, von einer bestimmten Gruppe von Intellektuellen des 18. Jahrhunderts erstellt wurde, die es zufällig richtig hingekriegt haben. Allerdings haben wir den Kontakt zu diesen Intellektuellen verloren, überhaupt zu allem, was nach Intellektualismus riecht, sogar so weit, dass wir keine Bücher mehr lesen, obwohl wir durchaus keine Analphabeten sind. Uns scheint es sehr viel mehr zu liegen, diese Werte nonverbal, mittels massiver Beeinflussung durch die Medien, an künftige Generationen weiterzugeben. Anscheinend funktioniert das sogar bis zu einem gewissen Grad, denn in vielen Ländern klagt die Polizei jetzt, dass Leute bei ihrer Festnahme darauf bestehen, ihre Miranda Rights vorgelesen zu bekommen, genau wie die Ganoven in amerikanischen TV-Krimis bei ihrer Verhaftung. Wenn man ihnen erklärt, dass sie sich in einem anderen

Land befinden, in dem diese Rechte nicht existieren, sind sie empört. Wiederholungssendungen der Serie *Starsky and Hutch*, in verschiedene Sprachen synchronisiert, werden den Menschenrechten auf lange Sicht vielleicht einen größeren Dienst erweisen als die Unabhängigkeitserklärung.

Das geschriebene Wort ist unter den Medien insofern einzigartig, als es ein digitales Medium ist, das Menschen trotz allem leicht lesen und schreiben können. Menschen sind mit vielen Medien vertraut (Musik, Tanz, Malerei), von denen aber alle analog sind mit Ausnahme des geschriebenen Wortes, das natürlich in digitaler Form ausgedrückt wird (d.h. es ist eine Folge separater Symbole – jeder Buchstabe in jedem Buch gehört zu einem bestimmten Buchstabensatz, jedes »a« ist dasselbe wie jedes andere »a«, und so weiter). Wie jeder Nachrichtentechniker bestätigen wird, kann man mit digitalen Signalen viel besser arbeiten als mit analogen, da sie leicht kopiert, übertragen und auf Fehler überprüft werden können. Im Gegensatz zu analogen Signalen erfahren sie über Zeit und Raum hinweg keinen Schwund. Aus diesem Grund haben beispielsweise digitale Compactdiscs analoge LPs verdrängt. Seiner digitalen Natur verdankt das geschriebene Wort eine außergewöhnliche Stabilität, weswegen es auch das Medium der Wahl für besonders wichtige Konzepte wie die Zehn Gebote, den Koran oder die Bill of Rights ist. Das gilt allgemein als ziemlich sinnvoll. Die Botschaften dagegen, die durch die modernen audiovisuellen Medien transportiert werden, sind nicht in einen solchen schriftlich fixierten Korpus von Grundsätzen zu fassen und können infolgedessen frei umherschwirren und unter Umständen eine ganze Menge Schrott in den Köpfen der Menschen abladen.

Orlando hatte früher eine Militäreinrichtung namens McCoy Air Force Base mit langen Rollbahnen, von denen aus B52-Bomber starten und mit Tonnen von Atombomben bis nach Kuba oder nahezu jedem anderen Ziel fliegen konnten. Doch dann wurde McCoy geschlossen und umgewidmet und ist mittlerweile Teil des Zivilflughafens von Orlando. Auf den langen Rollbahnen kommen jetzt 747-weise Touristen aus Brasilien, Italien, Russland und Japan an, um Disney World zu besuchen und eine Zeit lang in unsere Medien einzutauchen.

Für traditionelle Kulturen, vor allem für schriftorientierte wie den Islam, ist das ungleich bedrohlicher, als die B52-Bomber es je waren. Jedem außerhalb der Vereinigten Staaten ist klar, dass unsere Lieblingsmodewörter - Multikulturalismus und Vielfalt – nur eine Fassade sind, die (in vielen Fällen unbewusst) benutzt wird, um einen globalen Trend zur Verwischung kultureller Unterschiede zu verbergen. Der elementare Grundsatz des Multikulturalismus (oder des »Respekts vor der Verschiedenheit« oder wie immer man das nennen will) besagt, dass die Leute aufhören müssen, einander zu beurteilen – aufhören zu behaupten (und schließlich auch aufhören zu glauben), dies sei richtig und jenes falsch, dieses wahr und jenes unwahr, ein Ding sei hässlich, ein anderes dagegen schön, Gott existiere und habe diese oder jene Eigenschaften.

Die Lektion, die die meisten Leute aus dem 20. Jahrhundert mitnehmen, ist die, dass die Menschen, damit viele unterschiedliche Kulturen auf unserem Planeten (oder sogar in unmittelbarer Nachbarschaft) friedlich koexistieren können, das Beurteilen in dieser Weise aufgeben müssen. Daher rührt (glaube ich) unser Misstrauen und letztlich unsere ablehnende Haltung gegenüber allen Autoritätspersonen in der modernen Kultur. Wie David Foster Wallace in seinem Essay »E Unibus Pluram« dargelegt hat, ist das die Kernbotschaft des Fernsehens; es ist die Botschaft, die die Menschen ohnehin aufsaugen, wenn sie nur lange genug in unsere Medien eingetaucht sind. Natürlich ist sie nicht so hochtrabend formuliert. Sie äußert sich in Form der Vermutung, dass sämtliche Autoritätspersonen – Lehrer, Generäle, Polizisten, Minister, Politiker – scheinheilige Komiker sind und dass die einzige Daseinsform überhaupt in modischer, schlaffer Coolness besteht.

Das Problem ist allerdings, dass, hat man sich erst einmal der Fähigkeit, zu beurteilen, was richtig und falsch, wahr und unwahr, etc. ist, entledigt, eigentlich keine Kultur mehr vorhanden ist. Alles, was übrig bleibt, ist Holzschuhtanz und Makramee. Gerade die Fähigkeit, sich eine Meinung zu bilden, von etwas überzeugt zu sein, macht ja eine Kultur aus. Ich glaube, deswegen kreuzen Typen mit Maschinengewehren manchmal an Orten wie Luxor auf und fangen an, westliche Touristen mit Blei voll zu pumpen. Sie haben die Lektion der McCoy Air Force Base vollkommen verstanden. Wenn ihre Söhne nach Hause kommen und Chicago Bulls Caps mit dem Schirm zur Seite auf dem Kopf haben, drehen die Väter durch.

Die globale Antikultur, die durch das Fernsehen in jede kleinste Ritze der Welt transportiert wurde, ist eine Kultur für sich und erscheint, verglichen mit großen und alten Kulturen wie dem Islam und Frankreich wenigstens zunächst einmal extrem minderwertig. Das einzig Gute, was sich darüber sagen lässt, ist, dass sie Weltkriege und Holocausts weniger wahrscheinlich macht – und das ist doch schon mal eine gute Sache!

Das einzige echte Problem besteht darin, dass jemand, der abgesehen von dieser globalen Monokultur keine Kultur besitzt, ganz schön gelackmeiert ist. Jeder, der vor dem Fernseher groß wird, nie irgendeine Religion oder Philosophie kennen lernt, in einer Atmosphäre des moralischen Relativismus aufwächst, sich in Staatsbürgerkunde weiterbildet, indem er in den Fernsehnachrichten präsidiale Sexaffären verfolgt, und eine Universität besucht, auf der Postmodernisten sich gegenseitig darin zu übertrumpfen versuchen, traditionelle Vorstellungen von Wahrheit und Qualität zu zerstören, wird als ziemlich kraftloses menschliches Wesen in die Welt hinaus treten.

Und vielleicht besteht – noch einmal – das Ziel all dessen darin, uns kraftlos zu machen, damit wir uns nicht gegenseitig atomar vernichten.

Wächst man dagegen innerhalb einer bestimmten Kultur auf, verfügt man schließlich über eine Grundausstattung an Werkzeugen, mit deren Hilfe man über die Welt nachdenken und sie verstehen kann. Womöglich kann man sie auch dazu benutzen, die eigene Kultur abzulehnen, aber immerhin hat man ein paar Werkzeuge zur Hand.

Den Leuten, die in diesem Land Führungspositionen innehaben – die bedeutende Rechtsanwaltskanzleien und Aufsichtsräte bevölkern –, ist das alles auf einer bestimmten Ebene klar. Sie legen Lippenbekenntnisse zu Multikulturalismus, Vielfalt und der Vermeidung von Werturteilen ab, erziehen ihre Kinder aber nicht in diesem Sinne. Ich habe hochgebildete, fachlich kompetente Freunde, die in Kleinstädte in Iowa gezogen sind, um dort ihre Kinder großzuziehen, und in New York gibt es eine Enklave der jüdischen Chassidim, in der eine große Zahl von Kindern gemäß traditioneller Glaubensgrundsätze erzogen werden. Man könnte sich jede Vorstadtgemeinde als einen Ort vorstellen, an dem Menschen mit bestimmten (meist unausgesprochenen) Überzeugungen sich niederlassen, um unter Gleichgesinnten zu leben.

Und diese Menschen verspüren nicht nur ihren Kindern, sondern dem ganzen Land gegenüber eine gewisse Verantwortung. Manche Angehörige der Oberschicht sind natürlich gemein und zynisch, aber viele verbringen zumindest einen Teil ihrer Zeit damit, sich besorgt zu fragen, welche Richtung das Land einschlagen wird und welche Verpflichtungen sie selbst haben. Auf diese Weise sickern Themen wie der globale Umweltkollaps, die bücherlesenden Intellektuellen wichtig sind, am Ende durch den porösen Puffer der Massenkultur und tauchen als alte Hinduruinen in Orlando wieder auf.

Nun mag man sich fragen: Was zum Teufel hat das alles mit Betriebssystemen zu tun? Wie gesagt, man kann die Beherrschung des Betriebssystemmarktes durch Apple/Microsoft nicht erklären, ohne den kulturellen Ansatz zu berücksichtigen; in diesem Essay werde ich also nur zu einem Ergebnis kommen, wenn ich meinen Lesern erst einmal darlege, wo ich in Sachen Gegenwartskultur stehe.

Die Gegenwartskultur ist ein Zweischichtensystem wie das der Morlocks und der Eloi in H. G. Wells *Die Zeitmaschine*, allerdings auf den Kopf gestellt. In *Die Zeitmaschine* waren die Eloi eine schwache Oberschicht, unterhalten von Unmengen unterirdischer Morlocks, die das technologische Räderwerk am Laufen hielten. In unserer Welt verhält es sich umgekehrt. Die Morlocks sind die Minderheit und sie schmeißen den Laden, denn sie verstehen, wie alles läuft. Die viel zahlreicheren Eloi lernen alles, was sie wissen, dadurch, dass sie von Geburt an von den elektronischen Medien durchdrungen sind, deren Leitung und Kontrolle bücherlesenden Morlocks obliegt. Eine solche Menge ignoranter Menschen könnte gefährlich werden, wenn sie in die falsche Richtung gelenkt würden, weshalb wir eine Volkskultur entwickelt haben, die (a) hochgradig ansteckend ist und (b) jede Person, die von ihr infiziert wird, neutralisiert, indem sie ihr den Willen zu urteilen und die Fähigkeit, Stellung zu beziehen, nimmt.

Morlocks, die die Energie und Intelligenz besitzen, Einzelheiten zu begreifen, legen sich ins Zeug, durchdringen komplexe Zusammenhänge und stellen disneyartige Sensorische Benutzeroberflächen her, damit die Eloi, ohne ihren Grips anstrengen oder sich langweilen zu müssen, das Wesentliche mitbekommen. Diese Morlocks gehen dann nach Indien, erforschen akribisch Hunderte von Ruinen, kommen wieder nach Hause und bauen hygienisch einwandfreie Versionen: Hochglanzfotos sozusagen. Das kostet eine Menge Geld, denn Morlocks bestehen auf gutem Kaffee und Flugtickets erster Klasse, aber das ist kein Problem, da die Eloi sich gerne blenden lassen und mit Vergnügen für alles zahlen.

Das Meiste von alledem klingt, wie ich jetzt merke, vermutlich abfällig und bitter, bis hin zur Absurdität: ein richtig rotziger Intellektueller, der wegen dieser ungebildeten Banausen ausflippt. Als wäre ich ein selbsternannter Moses, der allein vom Berg heruntersteigt und die Gesetzestafeln trägt, auf denen in unveränderlichem Stein die Zehn Gebote eingemeißelt sind – die erste befehlsorientierte Benutzeroberfläche – und der ausrastet, als er die schwachen, unerleuchteten Hebräer Bilder anbeten sieht. Aber nicht nur das, es klingt auch noch so, als wäre ich dabei, irgendeine Verschwörungstheorie zu erfinden.

Das ist jedoch gar nicht das, worauf ich hinaus will. Die Situation, die ich beschreibe, könnte schlecht sein, muss es aber nicht und ist im Augenblick auch nicht unbedingt schlecht.

Es ist einfach eine Tatsache, dass wir heutzutage zu beschäftigt sind, um alles bis ins Detail zu verstehen. Und es ist besser, die Dinge vage, durch eine Benutzeroberfläche hindurch, zu verstehen als überhaupt nicht. Es ist besser, wenn zehn Millionen Eloi in Disney World eine Kilimandscharo-Safari machen, als wenn tausend Herzchirurgen und Finanzmanager in Kenia auf »echte« Safaris gehen. Die Grenze zwischen diesen beiden Klassen ist durchlässiger, als ich es habe klingen lassen. Ich treffe immer wieder auf ganz normale Typen – Bauarbeiter, Automechaniker, Taxifahrer, schlichte Gemüter im allgemeinen – die weitgehend Analphabeten waren, bevor irgendetwas sie dazu bewog, Leser zu werden und tatsächlich anzufangen, über Dinge nachzudenken. Vielleicht mussten sie ihren Alkoholismus in den Griff bekommen oder ins Gefängnis gehen, vielleicht wurden sie von einer Krankheit befallen, gerieten in eine Glaubenskrise oder langweilten sich einfach zu Tode. Solche Leute können sich in bestimmte Themen ziemlich schnell einarbeiten. Manchmal lässt der Mangel an Allgemeinbildung sie leicht einem intellektuellen Hirngespinst nachjagen, aber eine solche Jagd verschafft einem wenigstens Übung! Das Schreckgespenst eines Gemeinwesens unter der Kontrolle der Ticks und Launen von Wählern, die tatsächlich glauben, es gebe einen wesentlichen Unterschied zwischen Bud Lite und Miller Lite, und die professionelles Wrestling für einen echten Kampf halten, ist natürlich beunruhigend für Leute, die das nicht tun. Andererseits lebt es sich in Ländern, die sozusagen über die Befehlszeilenschnittstelle von abgehobenen Intellektuellen, seien sie nun religiöser oder weltlicher Ausrichtung, gesteuert werden, in der Regel nicht sehr angenehm.

Kultivierte Leute verspotten Disneysche Unterhaltung als aalglatt und zuckersüß; wenn sie aber letztlich Abermillionen von ungebildeten Medienjüngern auf einer vorverbalen Ebene im Wesentlichen warme, freundliche Gefühle einflößt, kann sie doch gar nicht so schlecht sein? Gestern Abend haben wir in der Küche einen Hummer getötet und meine Tochter hat eine Stunde lang geweint. Die Japaner, die ungefähr das grausamste Volk auf der Welt waren, sind jetzt in knuddelige, liebenswerte Cartoonfiguren vernarrt. Meine eigene Familie – die Menschen, die ich am besten kenne – teilt sich in etwa gleichmäßig auf in Leute, die diesen Essay vermutlich lesen, und solche, die es höchstwahrscheinlich nicht tun werden, und ich kann nicht mit Sicherheit sagen, dass eine der beiden Gruppen herzlicher, glücklicher oder besser angepasst ist als die andere.

MORLOCKS UND ELOI
AN DER TASTATUR

Damals zur Zeit der befehlsorientierten Benutzeroberfläche waren Anwender durchweg Morlocks, die ihre Gedanken in alphanumerische Symbole umwandeln und eintippen mussten, ein zermürbend langweiliger Prozess, der jede Mehrdeutigkeit beseitigte, sämtliche versteckten Annahmen offen legte und Faulheit und Ungenauigkeit grausam bestrafte. Dann fingen die Benutzeroberflächen-Designer an, ihre GUIs zu entwerfen und führten eine neue semiotische Schicht zwischen Mensch und Maschine ein. Leute, die solche Systeme verwenden, haben auf die Verantwortung und die Macht verzichtet, Bits unmittelbar zu dem Chip zu schicken, der die Berechnung anstellt, und sie stattdessen an die Betriebssysteme übertragen. Das ist verlockend, denn jemandem oder etwas klare Anweisungen zu geben, ist nicht einfach. Es erfordert einen gewissen Denkprozess, und je nach Komplexität der Situation müssen wir vielleicht angestrengt über abstrakte Dinge nachdenken und jede Menge Verzweigungen in Betracht ziehen, um die Aufgabe möglichst gut hinzukriegen. Für die meisten von uns ist das harte Arbeit. Wir möchten die Dinge gerne einfacher haben. Wie stark dieser

Wunsch ist, lässt sich an der Höhe von Bill Gates Vermögen ermessen.

Das Betriebssystem ist (aus diesem Grund) zu einer Art intellektuellem Arbeitsspargerät geworden, das versucht, die vage zum Ausdruck gebrachten Absichten des Menschen in Bits zu übersetzen. Im Grunde bitten wir unsere Computer, Verpflichtungen zu übernehmen, die immer als ureigene Domäne des Menschen gegolten haben – wir wollen, dass sie unsere Wünsche verstehen, unsere Bedürfnisse vorausahnen, Folgen vorhersehen, Zusammenhänge herstellen, ohne zu fragen, lästige Pflichten erledigen, uns an alles erinnern, woran wir erinnert werden sollten, und dabei auch noch Lärm von uns fern halten.

Auf den oberen (d.h. dem Anwender näheren) Ebenen geschieht das durch eine Reihe von Konventionen – Menüs, Schaltflächen und so weiter. Diese funktionieren nach dem Prinzip der Analogie: Sie helfen den Eloi, abstrakte oder ungewohnte Konzepte zu verstehen, indem sie sie mit etwas Bekanntem vergleichen. Dafür wird jedoch das hochtrabende Wort »Metapher« verwendet.

Das allumfassende Konzept des MacOS war die »Desktop-Metapher«, unter der alle möglichen kleineren (und häufig widersprüchlichen oder zumindest vermischten) Metaphern subsumiert wurden. Bei einer GUI wird eine Datei (oft »Dokument« genannt) in ein Fenster auf dem Bildschirm (dem »Desktop«) übersetzt. Das Fenster ist fast immer zu klein, um das ganze Dokument darzustellen, und deshalb »bewegt man sich« oder, etwas prätentiöser formuliert, »navigiert« man durch das Dokument, indem man den »Schieberegler« auf der »Bildlaufleiste« »anklickt und zieht«. Wenn man in das »Fenster« (mithilfe einer Tastatur) etwas »tippt« oder (mithilfe einer »Maus«) »zieht« oder »Balkenmenüs« und »Dialogfelder« benutzt, um seine Inhalte zu manipulieren, werden die Ergebnisse dieser Mühen (zumindest theoretisch) in einer »Datei« gespeichert und später kann man dieselbe Information wieder in ein anderes »Fenster« hineinziehen. Braucht man es nicht mehr, »zieht« man es in den »Papierkorb«.

Hier ist eine äußerst verworrene Metaphernvermischung im Gange, und ich könnte das Ganze nach Herzenslust auseinander nehmen, werde es jedoch nicht tun. Man betrachte nur das Wort »Dokument«. Wenn wir in der realen Welt etwas dokumentieren, machen wir beständige, dauerhafte, unveränderliche Aufzeichnungen davon. Computer-Dokumente dagegen sind flüchtige, vergängliche Datenkonstellationen. Manchmal (etwa, wenn man es gerade geöffnet oder gesichert hat) ist das im Fenster dargestellte Dokument identisch mit dem, was unter demselben Namen in einer Datei auf der Festplatte abgespeichert ist, aber ein andermal (z.B. wenn man Änderungen vorgenommen hat, ohne sie zu sichern) ist es etwas vollkommen anderes. Jedenfalls vernichtet man immer, wenn man »sichert«, die vorherige Version des »Dokuments« und ersetzt sie durch das, was sich zufällig gerade im Fenster befindet. Demnach wird sogar das Wort »sichern« in einem absurd irreführenden Sinn gebraucht – »zerstöre eine Version, sichere eine andere« wäre genauer.

Jeder, der über sehr lange Zeit mit einem Textverarbeitungsprogramm arbeitet, macht unweigerlich irgendwann die Erfahrung, ein Dokument, an dem er Stunden um Stunden gesessen hat, zu verlieren, weil der Computer abstürzt oder der Strom ausfällt. Bis zu dem Augenblick, wo es vom Bildschirm verschwindet, scheint das Dokument nicht weniger beständig und real zu sein, als wäre es mit Tinte auf Papier ausgedruckt worden. Doch im nächsten Moment ist es ohne Vorwarnung vollständig und unwiederbringlich verloren, als hätte es nie existiert. Dem Anwender bleibt ein Gefühl der Desorientierung (von Ärger ganz zu schweigen), das von einer Art Metaphernschere herrührt – man erkennt, dass man in einer im Grunde genommen falschen Metapher gelebt und gedacht hat.

GUIs benutzen also Metaphern, um das Arbeiten mit dem Computer einfacher zu machen, aber es sind schlechte Metaphern. Ihre Anwendung zu erlernen, ist im Wesentlichen ein Wortspiel, ein Prozess, in dem man neue Definitionen von Wörtern wie »Fenster«, »Dokument« und »sichern« lernt, die sich von den alten unterscheiden, ja ihnen in vielen Fällen nahezu diametral entgegenstehen. Kaum zu glauben, aber das hat, zumindest aus kommerzieller Sicht, sehr gut funktioniert, das heißt,

Apple/Microsoft haben eine Menge Geld damit gemacht. Alle anderen Hersteller moderner Betriebssysteme haben gelernt, dass sie, um von den Anwendern akzeptiert zu werden, ihre Systemgrundlagen unter genau dieser Art von Spachtelmasse verbergen müssen. Das hat einen Vorteil: Wenn man weiß, wie ein Betriebssystem funktioniert, wird man wahrscheinlich innerhalb weniger Minuten die Funktionsweise jedes anderen heraus haben. Alles geht ein bisschen anders, wie die sanitären Anlagen in Europa, – aber mit etwas Herumprobieren kann man bald ein Memo tippen oder im Internet surfen.

Die meisten Leute, die ein Betriebssystem kaufen gehen (wenn sie sich überhaupt die Mühe machen, es zu kaufen), vergleichen nicht die zugrundeliegenden Funktionen, sondern die äußere Aufmachung und die gefühlsmäßige Wirkung. Was den durchschnittlichen Betriebssystemkäufer wirklich interessiert und wofür er letztlich sein Geld ausgibt, ist nicht der Code auf der unteren Ebene, der Platz auf dem Arbeitsspeicher zuweist oder Bytes auf die Festplatte schreibt. Was wir tatsächlich kaufen, ist ein System von Metaphern. Und – noch viel wichtiger – was wir damit akzeptieren, ist die dem zugrundeliegende Annahme, Metaphern seien eine gute Methode, mit der Welt umzugehen.

In letzter Zeit kam viel neue Hardware auf den Markt, die Computern zahlreiche interessante Möglichkeiten eröffnet, Einfluss auf die reale Welt zu nehmen: Sie bewirken jetzt, dass Drucker Papier ausspucken oder dass auf Bildschirmen, die Tausende von Meilen entfernt sind, Wörter erscheinen, sie schicken Röntgenstrahlen durch Krebspatienten und erstellen realistische bewegte Bilder von der *Titanic*. Windows wird jetzt als Betriebssystem für Registrierkassen und für die Terminals der Kassierer in Banken benutzt. Mein TV-Satellitensystem arbeitet mit einer Art GUI, um die Kanäle zu wechseln und Programmvorschauen zu zeigen. Moderne Handys haben eine primitive GUI in einen winzigen LCD-Bildschirm eingebaut. Sogar Legos verfügen mittlerweile über eine GUI: Es gibt einen Lego-Bausatz namens Mindstorms, mit dem man Lego-Roboter bauen und über eine GUI auf dem eigenen Computer programmieren kann. Mittlerweile soll die GUI für uns also einiges mehr sein als nur eine bessere Schreibmaschine. Sie soll ein allgemeines Werkzeug für den Umgang mit der Realität werden. Für Unternehmen, die davon leben, neue Technologien für den Massenmarkt herauszubringen, ist das eine wahre Goldgrube.

Offensichtlich kann man den Leuten ein kompliziertes technologisches System nicht ohne irgendeine Art von Benutzeroberfläche verkaufen, die sie in die Lage versetzt, es auch anzuwenden. Der Verbrennungsmotor war seinerzeit ein technologisches Wunderwerk, als Verbrauchsgut jedoch nutzlos, solange er nicht mit einer Kupplung, einem Getriebe, einem Lenkrad und einem Gashebel verbunden war. Diese sonderbare Ansammlung von Dingen, die sich bis auf den heutigen Tag in jedem einzelnen Auto gehalten hat, bildete das, was wir heute eine Benutzeroberfläche nennen würden. Wären Autos jedoch nach den Macintoshes erfunden worden, hätten die Autohersteller sich nicht die Mühe gemacht, all diese obskuren Vorrichtungen zu entwerfen. Wir hätten einen Computerbildschirm anstelle des Armaturenbretts, eine Maus (oder am besten einen Joystick)anstelle des Lenkrads und statt zu schalten, würden wir ein Menü herunterziehen:

PARKEN

RÜCKWÄRTSGANG

LEERLAUF

3
2
1

Hilfe...

Somit können ein paar Zeilen Computercode jede nur denkbare mechanische Benutzeroberfläche ersetzen. Das Problem ist allerdings, dass der Ersatz in vielen Fällen minderwertig ist. Ein Auto mittels einer GUI zu fahren, wäre ein jämmerliches Erlebnis. Selbst wenn die GUI keinerlei Programmfehler aufwiese, wäre es unglaublich gefährlich, da Menüs und Schaltflächen einfach nicht so unmittelbar reagieren können wie richtige mechanische Schalterhebel. Der Vater meines Freundes, der Herr, der den MGB restaurierte, hätte sich nie mit ihm abgegeben, wenn er mit einer GUI ausgestattet gewesen wäre. Das hätte überhaupt keinen Spaß gemacht.

Das Lenkrad und der Schalthebel wurden zu einer Zeit erfunden, als in den meisten Haushalten die komplizierteste Technologie die des Butterfasses war. Diese ersten Autohersteller hatten insofern einfach Glück, als sie sich eine beliebige Benutzeroberfläche ausdenken konnten, die der Aufgabe, ein Auto zu fahren, am ehesten entsprach, und die Leute lernten es. Genauso verhielt es sich mit dem Wählscheibentelefon und dem AM-Radio. Bis zum Zweiten Weltkrieg kannten die meisten Leute verschiedene Benutzeroberflächen: sie konnten nicht nur buttern, sondern auch ein Auto fahren, eine Telefonnummer wählen, ein Radio einschalten, eine Flamme aus einem Feuerzeug schlagen und eine Glühbirne auswechseln.

Doch mittlerweile ist jedes kleine Ding – ob Armbanduhr, Videorecorder oder Herd – mit allen möglichen Funktionen versehen, und jede dieser Funktionen ist ohne Benutzeroberfläche wertlos. Wenn Sie jemand sind wie ich und wie die meisten anderen Verbraucher, dann haben Sie neunzig Prozent der möglichen Funktionen Ihrer Mikrowelle, Ihres Videorecorders oder Handys noch gar nicht ausgeschöpft. Dann wissen Sie nicht einmal, dass es diese

Funktionen gibt. Der geringe Nutzen, den sie Ihnen bringen könnten, steht in keinem Verhältnis zu der Mühe, die es machen würde, sich mit ihnen auseinander zu setzen. Das muss ein großes Problem für die Hersteller von Konsumgütern sein, denn ohne immer neue Funktionen anzubieten, können sie nicht konkurrieren.

Es ist heute nicht mehr akzeptabel, dass Ingenieure, wie es beim Automobil der Fall war, für jedes neue Produkt eine völlig neue Benutzeroberfläche erfinden, teils, weil es zu teuer ist, und teils, weil normale Menschen keine unbegrenzte Lernbereitschaft mitbringen. Wäre der Videorecorder vor hundert Jahren erfunden worden, hätte man ihn mit einem Rändelrad zur Spureinstellung, einem Schalthebel für den Wechsel zwischen Vor- und Rücklauf und einem großen gusseisernen Griff zum Laden oder Auswerfen der Kassetten versehen. An der Vorderseite hätte er eine große Uhr mit Zifferblatt gehabt und man hätte mittels Drehen der Zeiger von Hand die Zeit eingestellt. Da aber der Videorecorder erfunden wurde, als er erfunden wurde – in einer Art schwieriger Übergangszeit zwischen der Ära der mechanischen Benutzeroberflächen und der der GUIs – hatte er lediglich eine Menge Drucktasten an der Vorderseite, und um die Zeit einzustellen, musste man nur die Tasten in der richtigen Weise drücken. Den dafür verantwortlichen Ingenieuren muss das einigermaßen vernünftig vorgekommen sein, für viele Benutzer war es jedoch schlichtweg unmöglich. Daher die berühmte blinkende 12:00, die auf so vielen Videorekordern erscheint. Computerleute nennen dies »das Problem der blinkenden Zwölf«, denken jedoch normalerweise, wenn sie darüber reden, nicht an Videorekorder.

Moderne Videogeräte erlauben in der Regel so etwas wie eine sichtbare Programmierung, das heißt, man kann über eine Art primitive GUI die Zeit einstellen und andere Funktionen steuern. GUIs haben natürlich ebenfalls virtuelle Drucktasten, aber sie haben auch andere Arten von virtuellen Schaltern wie Optionsschaltflächen, Kontrollkästchen, Dialogfenster und Rollbalken. Viele Leute scheinen mit Benutzeroberflächen, die aus solchen Teilen aufgebaut sind, besser zurechtzukommen als mit diesen kleinen Tasten vorne am Gerät, und so verschwindet die blinkende 12:00 allmählich aus Amerikas Wohnzimmern. Das lästige *Problem* der blinkenden 12:00 hat sich auf andere Technologien verlagert.

Die GUI ist also inzwischen mehr als eine Oberfläche für Personal Computer, sie ist eine Art Meta-Oberfläche geworden, die für jeden neuen Artikel in der Konsumgüterindustrie herangezogen wird. Die Ideallösung ist sie nur selten, aber eine ideale oder auch nur gute Benutzeroberfläche zu haben, ist gar nicht mehr oberstes Gebot; das Wichtigste ist jetzt, eine Oberfläche zu haben, die die Kunden auch wirklich benutzen werden, damit die Hersteller, ohne die Miene zu verziehen, behaupten können, sie böten neue Funktionen an.

Dass wir GUIs wollen, liegt zum größten Teil daran,

dass sie praktisch und einfach sind – oder zumindest diesen Anschein erwecken. Natürlich ist nichts wirklich simpel und einfach, und eine hübsche Oberfläche oben draufzusetzen, ändert nichts an dieser Tatsache. Ein über eine GUI gesteuertes Fahrzeug wäre leichter zu fahren als eins, dessen Steuerung Pedalen und Lenkrad erfordert, wäre aber auch unglaublich gefährlich.

Durch den ständigen Gebrauch von GUIs haben wir unmerklich eine Prämisse geschluckt, die nur wenige Leute akzeptiert hätten, wenn sie ihnen geradeheraus präsentiert worden wäre, nämlich, dass schwierige Dinge leicht und komplizierte einfach gemacht werden können, indem man ihnen nur die richtige Benutzeroberfläche verpasst. Um zu verstehen, wie seltsam das ist, stelle man sich vor, Buchbesprechungen würden nach demselben Wertsystem verfasst, das wir auf Benutzeroberflächen anwenden: »Der Stil dieses Buches ist wunderbar einfältig und oberflächlich; fast in jedem Satz vertuscht der Autor komplizierte Sachverhalte und benutzt billige Verallgemeinerungen. Der Leser braucht nur selten nachzudenken und all die schwierigen und langweiligen Passagen, auf die man normalerweise beim Lesen herkömmlicher Bücher stößt, bleiben ihm erspart.« Solange es um einfache Vorgänge wie das Einstellen der Zeit an unseren Videorekordern geht, ist das nicht so schlimm. Sobald wir uns aber mit unseren Technologien an ehrgeizigere Ziele heranmachen, stehen wir unausweichlich vor dem Problem der:

METAPHERNSCHERE

Kaum war die erste Version um 1985 herausgekommen, habe ich angefangen, Microsoft Word zu benutzen. Nach ein paar anfänglichen Problemen erschien es mir ein besseres Werkzeug zu sein als seine Konkurrenten. Ich schrieb eine Menge Zeug in frühen Word-Versionen, speicherte alles auf Disketten und übertrug den Inhalt all meiner Disketten auf meine erste Festplatte, die ich um 1987 erstand. Wenn neue Word-Versionen herauskamen, rüstete ich gewissenhaft nach, weil ich mir dachte, für mich als Schriftsteller sei es sicher sinnvoll, eine gewisse Summe in Werkzeug zu investieren.

Irgendwann Mitte der Neunziger versuchte ich dann, mittels der damals gültigen Word-Version 6.0 eins meiner alten Dokumente zu öffnen.

Es klappte nicht. Word 6.0 erkannte ein Dokument, das in einer früheren Version seiner selbst geschrieben worden war, nicht. Nachdem ich es als Nur-Text-Datei geöffnet hatte, konnte ich die Buchstabensequenzen, aus denen der Text des Dokuments bestand, wiederherstellen. Meine Wörter waren noch da. Aber die Formatierung war durch den Schredder gegangen – die Wörter, die ich geschrieben hatte, wurden unterbrochen durch

Fluten rechteckiger Kästchen und irgendwelches Kauderwelsch.

Nun ist so etwas im Geschäftsleben (dem Hauptabsatzmarkt für Word) allenfalls ärgerlich – eins der Routineprobleme, die man als Computeranwender nun einmal hat. Man braucht nur kleine Dateikonvertierungsprogramme zu kaufen, die sich dieses Problems annehmen. Ist man aber ein Schriftsteller, dessen Karriere aus Wörtern und dessen berufliche Identität aus einem Korpus schriftlich fixierter Dokumente besteht, ist so etwas ausgesprochen besorgniserregend. In meiner Branche gibt es nur sehr wenige feste Annahmen, aber eine davon besagt, dass ein Wort, wenn es einmal geschrieben ist, geschrieben bleibt und nicht ungeschrieben gemacht werden kann. Die Tinte schwärzt das Papier, der Meißel schneidet den Stein, der Stift ritzt den Ton und dabei passiert etwas Unwiderrufliches. (Mein Schwager ist Theologe und liest 3250 Jahre alte Tafeln mit Keilschrift – er kann die Handschrift bestimmter Schreiber erkennen und sie namentlich benennen.) Textverarbeitungssoftware dagegen – besonders die mit speziellen, komplexen Dateiformaten – verfügt über die unheimliche Macht, Dinge ungeschrieben zu machen. Eine kleine Veränderung im Dateiformat oder ein paar verdrehte Bits und die literarische Produktion eines Monats oder Jahres kann dahin sein.

Nun war das technisch gesehen ein Fehler in der Anwendung (Word 6.0 für den Macintosh), nicht im Betriebssystem (MacOS 7.irgendwas), so dass die ursprüngliche Zielscheibe meines Ärgers die Leute waren, die für Word verantwortlich zeichneten. Trotzdem. Ich hätte natürlich auch die Option »als Text speichern« in Word wählen und meine ganzen Dokumente als einfache »Telegramme« abspeichern können, dann wäre dieses Problem gar nicht aufgetreten. Stattdessen hatte ich mich verführen lassen von all diesen herrlichen Formatierungsoptionen, die es gar nicht gegeben hatte, bevor die GUIs aufgetaucht waren, um sie praktikabel zu machen. Ich hatte mich daran gewöhnt, sie dazu zu benutzen, meine Dokumente hübsch aussehen zu lassen (vielleicht hübscher als sie es verdienten; die ganzen alten Dokumente auf diesen Disketten entpuppten sich nämlich mehr oder minder als Schrott). Jetzt zahlte ich den Preis für dieses Genießertum. Die Technologie hatte Fortschritte gemacht und Wege gefunden, meine Dokumente noch schöner aussehen zu lassen, und die Folge davon war, dass sämtliche hässlichen alten Dokumente aufgehört hatten zu existieren.

Es war – wenn Sie mir die etwas sonderbare spontane kleine Fantasie gestatten –, als wäre ich an irgendeinen Urlaubsort in ein nobles Hotel von erlesener Architektur gefahren und hätte mich dort in die Hände von ehemaligen Meistern der Sensorischen Benutzeroberfläche begeben, mich in mein Zimmer gesetzt und mit Kugelschreiber eine Geschichte auf liniertes gelbes Schreibpapier geschrieben; bei meiner Rückkehr vom Abendessen stellte ich dann fest, dass das Zimmermädchen meine Arbeit weggenommen und an deren Stelle eine Feder und einen Stapel feines Pergamentpapier hinterlassen hatte – mit der Erklärung, das Zimmer sehe so viel stilvoller aus und das gehöre alles zu den routinemäßigen Verbesserungsmaßnahmen. Auf dem Papier standen jedoch, in makelloser Schrift, lange Aneinanderreihungen von Wörtern, die nach dem Zufallsprinzip aus dem Wörterbuch herausgesucht worden waren. Das war zwar schrecklich, aber ich konnte mich letztlich nicht einmal bei der Leitung beschweren, da ich mit der Anmeldung in diesem Hotel mein Einverständnis dazu gegeben hatte. Ich hatte meinen Morlockausweis abgegeben und war ein Eloi geworden.

LINUX

Während der späten Achtziger- und frühen Neunzigerjahre verbrachte ich viel Zeit damit, Macintoshs zu programmieren, und kam schließlich zu dem Entschluss, mehrere hundert Dollar für ein Apple-Produkt namens Macintosh Programmer's Workshop oder MPW hinzublättern. MPW hatte Konkurrenten, war aber zweifellos das führende Softwareentwicklungssystem für den Mac. Die Apple-Entwickler benutzten es selbst, um Macintosh-Code zu schreiben. Angesichts der Tatsache, dass dieses MacOS damals technologisch viel weiter entwickelt war als seine Konkurrenten, während Linux überhaupt noch nicht existierte, und genau dieses Programm auch von dem erstklassigen, kreativen Ingenieursteam von Apple benutzt wurde, hatte ich hohe Erwartungen. Es kam in Form eines etwa 30 Zentimeter hohen Diskettenstapels an, so dass meine Aufregung während des endlosen Installationsprozesses genügend Zeit hatte, sich noch zu steigern. Als ich MPW zum ersten Mal startete, erwartete ich wahrscheinlich irgendein sentimental aufgemachtes Multimedia-Schaufenster. Stattdessen war es nüchtern, fast schon einschüchternd. Es war ein Bildrollfenster, in das man einfachen, unformatierten

Text tippen konnte. Das System interpretierte diese Textzeilen dann als Befehle und versuchte sie auszuführen.

Es war, anders ausgedrückt, ein Bildschirm-Terminal, auf dem eine befehlsorientierte Benutzeroberfläche lief. Es verfügte über alle möglichen kryptischen, aber wirkungsvollen Befehle, die man aufrufen konnte, indem man ihre Namen eintippte, und die anzuwenden ich erst nach und nach gelernt habe. Erst als ich einige Jahre später anfing, mich mit Unix abzugeben, wurde mir klar, dass die in MPW enthaltene befehlsorientierte Benutzeroberfläche eine Neuschöpfung von Unix war.

Als Erstes hatten die Hacker von Apple, nachdem – vermutlich sogar noch bevor – sie MacOS in Gang bekommen hatten, die Unix-Benutzeroberfläche neu erstellt, damit sie überhaupt sinnvoll arbeiten konnten. Damals wollte das einfach nicht in meinen Kopf gehen, aber anscheinend war die viel gepriesene Grafische Benutzeroberfläche des Mac, zumindest was die Hacker von Apple betraf, ein Hindernis, etwas, was man umgehen musste, noch bevor der kleine Toaster überhaupt auf den Markt kam.

Schon bevor mein PowerBook im Juli 1995 abstürzte und meine große Datei vernichtete, hatte es Warnsignale gegeben. Ein alter Kommilitone von mir, der in Boston Hightechfirmen gründet und leitet, hatte ein kommerzielles Produkt entwickelt, das am Frontende Macintoshs benutzte. Die Macs, im Prinzip Hochleistungsgrafikterminals, waren wegen ihrer angenehmen Benutzeroberfläche ausgewählt worden, denn sie verschaffte den Anwendern Zugriff auf eine umfangreiche Datenbank grafischer Informationen, die in einem Netzwerk wesentlich leistungsfähiger, aber weniger benutzerfreundlicher Computer gespeichert waren. Dieser Typ war übrigens der Zweite, der mich auf die Macintoshs brachte, und Mitte der Achtzigerjahre hatten wir uns gemeinsam in dem prickelnden Gefühl gesonnt, Hightech-Kenner zu sein, die in einer Welt von DOS-anwendenden Holzköpfen höher entwickelte Apple-Technologie benutzten. In seinen frühen Versionen habe sein System gut funktioniert, erzählte mir mein Freund, aber nachdem mehrere Geräte in das Netzwerk eingefügt worden seien, habe es die ersten mysteriösen Abstürze gegeben; manchmal habe das gesamte Netzwerk einfach blockiert. Es sei einer jener Programmfehler gewesen, die nur mit Mühe reproduziert werden könnten. Schließlich hätten sie herausbekommen, dass diese Netzwerkabstürze immer dann ausgelöst worden seien, wenn ein Anwender beim Absuchen der Menüs nach einem bestimmten Feld die Maus länger als ein paar Sekunden gedrückt gehalten habe.

Im Grunde genommen konnte das MacOS immer nur eine Sache auf einmal machen. Ein Menü auf den Bildschirm zu ziehen ist eine Sache. Wenn also ein Menü heruntergezogen war, konnte der Macintosh, solange dieser unentschiedene Anwender die Taste gedrückt hielt, nichts anderes machen.

Bei einer Einbenutzer- und Einprozessmaschine ist das nicht ganz so schlimm (obschon schlimm genug), aber richtig unangenehm wird es, wenn eine Maschine in ein Netzwerk eingebunden ist, denn das bedeutet in irgendeiner Form eine kontinuierliche schwache Interaktion mit anderen Maschinen. Da der Mac nicht auf das Netzwerk reagierte, verursachte er einen netzweiten Absturz.

Soll ein Betriebssystem im Verbund mit anderen Computern, mit Netzwerken und verschiedenen weiteren Hardwareelementen funktionieren, muss es unvergleichlich komplizierter und leistungsstärker sowohl als MS-DOS wie auch als das ursprüngliche MacOS sein. Die einzige wirklich ernst zu nehmende Art des Zugangs zum Internet ist PPP, das Point-to-Point Protocol, das (lassen wir die Einzelheiten mal beiseite) den Computer – vorübergehend – zu einem richtigen Mitglied des globalen Internets macht, mit seiner eigenen eindeutigen Adresse und verschiedenen dazugehörigen Privilegien, Stärken und Verpflichtungen. Technisch gesehen heißt das, auf Ihrem Gerät läuft das TCP/IP, bei dem es, auf eine kurze Formel gebracht, darum geht, nach einem raffinierten und eleganten Regelwerk zu unvorhersehbaren Zeiten und in unspezifischer Reihenfolge Datenpakete hin und her zu schicken.

Ein Datenpaket zu verschicken ist jedoch ein Vorgang für sich, das heißt, ein Betriebssystem, das immer nur einen Vorgang auf einmal bewältigt, kann nicht gleichzeitig Teil des Internets sein und noch etwas Anderes tun.

Als TCP/IP erfunden wurde, hatten nur ernst zu nehmende Computer – Großrechner und im technischen und kommerziellen Bereich eingesetzte leistungsfähige Minicomputer – die Ehre, es laufen zu lassen, sodass man bei der Erstellung des Protokolls von der Annahme ausging, jeder Computer, auf dem es liefe, sei eine ernst zu nehmende Maschine, die mehrere Dinge auf einmal tun könne. Um es unverblümt zu sagen, eine Unix-Maschine. Weder MacOS noch MS-DOS waren unter dieser Prämisse entwickelt worden, so dass, als das Internet heiß wurde, radikale Veränderungen notwendig wurden.

Als mein PowerBook mir das Herz brach und Word meine alten Dateien nicht mehr erkannte, stürzte ich mich auf Unix. Die naheliegende Alternative zu MacOS wäre Windows gewesen. Eigentlich hatte ich gar nichts gegen Microsoft oder Windows. Es war aber mittlerweile ziemlich offensichtlich, dass alte PC-Betriebssysteme sich übernahmen und Zeichen von Überlastung zeigten, sodass man sie vielleicht besser mied, bis sie gelernt hatten, zu gehen und gleichzeitig Kaugummi zu kauen.

Der Wechsel vollzog sich an einem ganz bestimmten Tag im Sommer 1995. Ich war für ein paar Wochen in San Francisco gewesen und hatte mein PowerBook benutzt, um an einem Dokument zu arbeiten. Das Dokument war so groß, dass es nicht auf eine Diskette passte, und deshalb hatte ich, seit ich von zu Hause weggefahren war, keine Sicherungskopie mehr gemacht. Das PowerBook stürzte ab und löschte die gesamte Datei.

Es passierte, als ich mich gerade zu einer Firma namens Electric Communities, die sich damals in Los Altos befand, aufmachen wollte. Ich nahm mein PowerBook mit. Meine Freunde bei Electric Communities waren Mac-Benutzer, die alle möglichen Dienstprogramme zur Wiederherstellung von Dateien und zur Reparatur nach einem Disk-Crash besaßen und ich war sicher, dass ich den größten Teil der Datei wiederbekommen würde.

Wie sich jedoch herausstellte, waren zwei verschiedene Mac-Störungsbeseitigungsprogramme nicht in der Lage, irgendeinen Hinweis darauf zu finden, dass meine Datei je existiert hatte. Sie war vollständig und systematisch ausgelöscht worden. Wir gingen die Festplatte Block für Block durch und entdeckten losgelöste Fragmente zahlloser alter ausrangierter und vergessener Dateien, aber nichts von dem, was ich wollte. An diesem Tag war der Schnitt der Metaphernschere besonders brutal. Es war ungefähr so wie wenn man die Frau, die man zehn Jahre lang geliebt hat, bei einem Unfall ums Leben kommen sieht und bei ihrer Autopsie erfährt, dass sie unter Kleidern und Make-up auch nur aus Fleisch und Blut bestanden hat.

Wie in einer Art ursprünglicher Jungscher Fugue muss ich im Büro von Electric Communities herumgetaumelt sein, denn in diesem Augenblick passierten drei seltsam synchronistische Dinge.

- Randy Farmer, einer der Firmengründer, kam mit seiner Familie auf einen Sprung vorbei – er erholte sich damals gerade von einer Rückenoperation. Er brachte den allerneusten Tratsch mit: »Windows 95 hat heute den Golden Master Status erreicht.« Das bedeutete, dass Microsofts neues Betriebssystem an diesem Tag auf eine als Golden Master bezeichnete spezielle Compact Disk gebrannt wurde, von der dann zur Vorbereitung auf seine spektakuläre Veröffentlichung ein paar Wochen später Abermillionen von Kopien gezogen würden. Diese Neuigkeit wurde von den Mitarbeitern der Electric Communities gereizt aufgenommen, auch von einem, dessen Bürotür mit der üblichen Mischung von Cartoons und Krimskrams zugekleistert war, z.B.:
- Einem *Dilbert*-Cartoon, in dem Dilbert, schwergeprüfter Ingenieur in einer Softwarefirma, einem korpulenten, bärtigen, stark behaarten Mann in einem gewissen Alter begegnet – einer Art Nikolaus, aber dunkler und mit einem Hauch von Arroganz an sich. Aufgrund seiner Erscheinung und seines Auftretens erkennt Dilbert diesen Mann als Unix-Hacker und reagiert mit einer Mischung aus Nervosität, Bewunderung und Feindseligkeit. Über mehrere Bilder hinweg versucht er wenig überzeugend, den lästigen Eindringling anzumachen; der Unix-Hacker hört sich das mit einer aufreizenden, glückseligen Gelassenheit an, bevor er im letzten Bild in die Tasche greift. »Hier hast du fünf

Cent, Junge«, sagt er, »geh und kauf dir einen richtigen Computer.«
- Der zu dieser Tür und diesem Cartoon gehörende Mann war ein gewisser Doug Barnes. Barnes war bekannt als jemand, der zum Thema Betriebssysteme eher ketzerische Ansichten vertrat. Im Gegensatz zu den meisten Technikfreaks der Bay Area, die den Macintosh als eine echte Hacker-Maschine verehrten, betonte Barnes gerne, der Mac sei mit seiner hermetisch geschlossenen Architektur gerade nichts für Hacker, die ja zum Herumbasteln neigten und hartnäckig für Offenheit einträten. Die IBM-kompatiblen Geräte dagegen, die man leicht auseinander nehmen und wieder zusammensetzen könne, seien viel besser für Hacker geeignet.

Als ich wieder zu Hause war, begann ich also mit Linux herumzuprobieren, einer der vielen, vielen verschiedenen konkreten Ausführungen des abstrakten, platonischen Ideals namens Unix. Ich hatte nicht vor, zu einem anderen Betriebssystem zu wechseln, da meine Kreditkarten von dem ganzen Geld, das ich über die Jahre für Mac-Hardware ausgegeben hatte, immer noch qualmten. Aber der große Vorteil von Linux war und ist ja, dass es auf genau derselben Hardware läuft wie die Betriebssysteme von Microsoft – nämlich der billigsten Hardware, die es gibt. Wie um zu demonstrieren, was für eine großartige Idee das war, ergatterte ich innerhalb von einer oder zwei Wochen nach meiner Rückkehr kostenlos einen für damalige Verhältnisse anständigen Computer (eine 33-MHz 486er-Kiste), denn ich kannte einen Typ, der in einem Büro arbeitete, wo sie einfach weggeworfen wurden.

Zu Hause zog ich mit einem Ruck die Haube ab, fuhr mit den Händen hinein und fing an, Karten umzustecken. Wenn etwas nicht funktionierte, ging ich zu einem Secondhand-Computerladen, durchstöberte eine Kiste mit Einzelteilen und kaufte für ein paar Dollar eine neue Karte.

Die Verfügbarkeit dieser ganzen billigen, aber funktionsfähigen Hardware war eine unbeabsichtigte Folge von Entscheidungen, die ein Jahrzehnt zuvor von IBM und Microsoft getroffen worden waren. Als Windows herauskam und der GUI einen viel größeren Markt eröffnete, änderte sich das Hardware-System: Die Kosten für Farbgrafikkarten und hochauflösende Monitore begannen zu sinken und sinken immer noch. Dieser uneingeschränkte Zugang zur Hardware bedeutete, dass Windows verglichen mit MacOS unweigerlich klobig war. Doch durch die GUI wurde das Arbeiten am Computer so verbreitet, dass die Produktionszahlen steil in die Höhe gingen und die Preise zusammenbrachen. In der Zwischenzeit war Apple, das unbedingt ein sauberes, integriertes Betriebssystem mit einer ordentlich in die Verarbeitungshardware eingepassten Grafikkarte haben wollte, mit seinem Marktanteil weit zurückgefallen, was zum Teil sicher an den hohen Preisen für seine wunderschöne Hardware lag.

Allerdings war der Preis, den wir Mac-Besitzer für überragende Ästhetik und Konstruktion zu zahlen hatten, nicht nur finanzieller Natur. Er hatte auch eine kulturelle Komponente, die sich daraus ergab, dass wir nicht einfach die Haube öffnen und an ihm herumbasteln konnten. Doug Barnes hatte Recht. Ungeachtet seiner Reputation als Maschine der Wahl für ungepflegte kreative Hacker-Typen war der Mac von Apple eine Maschine, die vom Hacken abhielt, während Microsoft, das technologisch gesehen als Nachzügler und Nachahmer galt, einen großen, ungeordneten Teilebasar geschaffen hatte – eine Ursuppe, die sich am Ende selbst zu Linux zusammensetzte.

DER HOLE-HAWG
DER BETRIEBSSYSTEME

Im Krieg der Betriebssysteme hat Unix wie die russische Armee immer provozierend im Hintergrund gelauert. Die meisten Leute kennen es nur von seinem Ruf her und der ist, wie der *Dilbert*-Cartoon vermuten lässt, gemischt. Einig ist man sich jedoch darüber, dass Unix, wenn es sich zusammenreißen und aufhören würde, den heranstürmenden Invasoren große Teile fruchtbaren Ackerlandes und Hunderttausende von Kriegsgefangenen zu überlassen, sie (und jeden weiteren Widerstand) niederwalzen könnte.

Wie Unix zu diesem Ruf gelangt ist, kann man, ohne in hochkomplizierte technische Details zu gehen, kaum erklären. Das Wesentliche lässt sich aber vielleicht an einer Geschichte über Bohrer verdeutlichen.

Der Hole Hawg ist ein von der Firma Milwaukee Tool hergestellter Bohrer. In einem typischen Eisenwarengeschäft wird man wohl kleinere Milwaukee-Bohrer finden, aber nicht den Hole Hawg, der für Heimwerker zu stark und zu teuer ist. Der Hole Hawg hat nicht das pistolenartige Design eines billigen Heimwerker-Bohrers. Er ist ein solider Metallwürfel, bei dem in einer Seite ein Griff und in einer anderen ein Spannfutter stecken. Der

Würfel birgt einen beunruhigend starken Elektromotor. Man kann den Griff festhalten und mit dem Zeigefinger den Auslöseknopf drücken, aber wenn man nicht außergewöhnlich stark ist, schafft man es nicht, das Gewicht des Hole Hawg mit einer Hand zu kontrollieren; er ist durch und durch ein Zweihandgerät. Um das Gegendrehmoment des Hole Hawg auszugleichen, benutzt man einen (mitgelieferten) separaten Griff, den man, je nachdem, ob man den Auslöseknopf mit der linken oder rechten Hand betätigt, in eine von zwei gegenüberliegenden Seiten des Metallwürfels schraubt. Dieser Griff ist kein schlankes, ergonomisch geformtes Element, wie man es an einem Heimwerkerbohrer finden würde. Es ist lediglich ein etwa dreißig Zentimeter langes Stück normales, galvanisiertes Rohr mit einem Gewinde am einen und einem schwarzen Gummigriff am anderen Ende. Wenn man es verliert, geht man einfach in das nächste Geschäft für Installationszubehör und kauft ein neues Stück Rohr.

In den Achtzigerjahren habe ich hin und wieder auf dem Bau gearbeitet. Einmal lehnte ein Kollege eine Leiter von außen an das Gebäude, das wir gerade bauten, stieg bis auf die Höhe des zweiten Stocks hinauf und benutzte den Hole Hawg, um ein Loch durch die Außenmauer zu bohren. Irgendwann blieb der Bohrer in der Mauer stecken. Seinem einzigen Daseinszweck folgend lief der Hole Hawg weiter. Dabei wirbelte er den Körper des Arbeiters wie eine Lumpenpuppe herum und ließ ihn selbst seine Leiter umstoßen. Zum Glück hielt er sich an dem Hole Hawg fest, der nach wie vor in der Wand steckte, baumelte einfach daran herunter und rief um Hilfe, bis jemand kam und die Leiter wieder aufstellte.

Ich selbst habe mit einem Hole Hawg viele Löcher durch Pfosten gebohrt, was er erledigte wie eine Küchenmaschine, die Kohl schneidet. Auch für ein paar großkalibrige Bohrungen durch eine alte Gipsputzdecke habe ich ihn benutzt. Ich spannte eine ganz neue Lochsäge ein, ging in den ersten Stock, reichte nach unten zwischen die neu gelegten Dielenbalken und fing an, durch die Decke des Erdgeschosses zu schneiden. Wo mein Heimwerkerbohrer sich unter Heulen gequält hatte, um den gewaltigen Bit-Vorsatz zu drehen, und beim geringsten Hindernis steckengeblieben war, drehte sich der Hole Hawg mit der stupiden Stetigkeit eines rotierenden Planeten. Als die Lochsäge festfuhr, wirbelte der Hole Hawg sich selbst und mich herum und quetschte mir eine Hand zwischen dem Stahlrohrgriff und einem Balken ein, wobei ich mir ein paar Fleischwunden zuzog, die alle von einem breiten dunkelblauen Kranz umgeben waren. Auch die Säge verbog sich, aber nicht so schlimm, dass ich sie nicht mehr benutzen konnte. Nach einigen solcher Hänger fing mein Herz schon in atavistischer Panik an zu pochen, wenn ich mich nur darauf vorbereitete, den Hole Hawg zu benutzen.

Ich habe jedoch nie dem Werkzeug die Schuld gegeben; ich war selbst daran schuld. Der Hole Hawg ist gefährlich, weil er genau das tut, was man von ihm verlangt. Er unterliegt nicht den physikalischen Beschränkungen eines billigen Bohrers noch ist er durch Sicherheitsunterbrecher begrenzt, die ein sich seiner Haftung bewusster Hersteller vielleicht in ein Heimwerkerprodukt einbaut. Die Gefahr liegt nicht in der Maschine selbst, sondern in der Unfähigkeit des Benutzers, bis ins Detail die Folgen der Anweisungen abzusehen, die er ihm gibt.

Auch ein kleineres Gerät ist gefährlich, aber aus einem völlig anderen Grund: Es versucht, das zu tun, was man ihm sagt, scheitert aber auf eine unvorhersehbare und fast immer unerwünschte Weise. Der Hole Hawg dagegen ist wie der dienstbare Geist aus den alten Märchen, der die Anweisungen seines Meisters buchstabengetreu, präzise und mit unbegrenzter Macht, oft aber auch mit verheerenden, unvorhergesehenen Folgen ausführt.

In der Ära vor dem Hole Hawg schaute ich mir das Bohrersortiment in Eisenwarenläden immer mit vermeintlichem Kennerblick an, wobei ich die Modelle auf der unteren Preisskala gar nicht beachtete, die großen teuren aber anerkennend in den Händen wog und wünschte, ich könnte mir so ein Ding leisten. Inzwischen betrachte ich sie alle mit einer solchen Verachtung, dass sie für mich nicht einmal mehr richtige Bohrer sind – nur noch vergrößerte Spielzeuge mit dem Zweck, die Selbsttäuschungstendenzen zarthändiger Heimwerker auszunutzen, die glauben wollen, sie hätten ein richtiges

Werkzeug gekauft. Die Plastikgehäuse, sorgfältig dazu entworfen und an Fokusgruppen getestet, ein Gefühl von Beständigkeit und Kraft zu vermitteln, erscheinen mir fürchterlich dünn und billig und ich schäme mich, dass ich mich fast dazu hätte hinreißen lassen, einen solchen Schrott zu kaufen.

Man kann sich leicht vorstellen, wie die Welt für jemanden aussehen muss, der in einem Bauunternehmerhaushalt groß geworden ist und nie einen anderen Bohrer als den Hole Hawg benutzt hat. Würde man einem solchen Menschen den besten und teuersten Bohrer aus dem Eisenwarengeschäft präsentieren, er würde ihn nicht einmal als solchen erkennen. Stattdessen würde er ihn fälschlich für ein Kinderspielzeug oder eine Art motorisierten Schraubendreher halten. Wenn ein Verkäufer oder irregeführter Heimwerker ihn als Bohrer bezeichnete, würde er lachen und sie über ihren Irrtum aufklären – sie hätten einfach den falschen Begriff verwendet. Sein Gesprächspartner würde verärgert von dannen ziehen, vermutlich nicht besonders glücklich über sein Untergeschoss voller billiger, gefährlicher, auffälliger, farbenfroher Werkzeuge.

Unix ist der Hole Hawg der Betriebssysteme* und Unix-Hacker – Doug Barnes, der Typ in dem *Dilbert*-Car-

---

* Dr. Myhrvold von Microsoft hat seine Dinosaurier-Axt aus der Hand gelegt, sich der Herausforderung gestellt und mit einer eigenen pointierten Bohreranalogie gekontert, die sich sozusagen in die andere Richtung dreht. Vermutlich ist seine letztlich sogar besser als meine. Ich werde sie hier aber nicht vorstellen, da ein in der Öffentlichkeit

toon und viele andere Leute, die das Silicon Valley bevölkern – sind wie die Söhne von Bauunternehmern, die als Heranwachsende immer nur Hole Hawgs benutzt haben. Sie mögen Apple/Microsoft-Betriebssyteme verwenden, um Briefe zu schreiben, Videospiele laufen zu lassen oder ihr Scheckbuch auszugleichen, werden sich jedoch nie dazu durchringen können, sie wirklich ernst zu nehmen.

ausgetragenes Duell der Bohreranalogien ein lächerliches, unwürdiges Schauspiel bieten würde. Hier nur einige Auszüge:
»Manche Leute vertreten die alberne, romantische Ansicht, ein primitiveres Gerät, das von seinem Bediener eine Menge Fähigkeiten verlangt, müsse irgendwie stärker sein. In der Regel ist das völliger Unsinn...«
»Dass Linux überhaupt interessant geworden ist, liegt unter anderem daran, dass das Internet eine vorübergehende Retrophase eingeläutet hat, in der reizvolle Programme plötzlich sehr einfach aufgebaut sind. Apache oder ein NNTP-Server stellen eine sehr einfache Software dar, die kein besonderes Betriebssystem verlangt. Dasselbe gilt für viele andere web-orientierte Aufgaben. Dafür ist Linux genau richtig.«

DIE MÜNDLICHE TRADITION

Unix ist schwer zu erlernen. Der Lernprozess ist von zahlreichen kleinen Epiphanien geprägt. Typisch ist etwa die Situation, dass man gerade kurz vor der Erfindung eines notwendigen Hilfs- oder Dienstprogrammes steht und plötzlich merkt, dass jemand anderes es bereits erfunden und eingebaut hat, und das erklärt dann auch das Vorhandensein irgendeiner merkwürdigen Datei, eines Verzeichnisses oder eines Befehls, das man zwar vorher schon bemerkt, aber nie verstanden hat.

Beispielsweise gibt es einen Befehl (ein kleines Programm, Teil eines Betriebssystems) mit Namen »whoami«, das es einem ermöglicht, den Computer zu fragen, wer man seiner Meinung nach ist. Auf einer Unix-Maschine ist man immer unter irgendeinem Namen eingeloggt – vielleicht sogar seinem eigenen! Mit welchen Dateien man arbeiten und welche Software man benutzen darf, hängt von der eigenen Identität ab. Als ich anfing Linux zu verwenden, saß ich in meinem Keller an einer nicht-vernetzten Maschine mit einem einzigen Benutzerkonto und fand den whoami-Befehl, als ich auf ihn stieß, ziemlich lächerlich. Ist man aber erst mal als eine Person eingeloggt, kann man vorübergehend zu einem

Pseudonym wechseln, um Zugriff auf andere Dateien zu haben. Ist die Maschine am Internet, kann man sich bei anderen Computern anmelden, vorausgesetzt, man hat einen Benutzernamen und ein Passwort. An diesem Punkt gibt es praktisch keinen Unterschied mehr zwischen der Maschine in der Ferne und der, die unmittelbar vor einem steht. Diese Identitäts- und Standortwechsel können sich leicht mehrere Schichten tief ineinander verschachteln, auch wenn man eigentlich gar nichts Böses tut. Hat man einmal vergessen, wer und wo man ist, wird der whoami-Befehl unentbehrlich.

Die Dateisysteme der Unix-Maschinen haben alle dieselbe Grundstruktur. In den instabilen Betriebssystemen kann man Verzeichnisse (Ordner) erstellen, ihnen Namen wie »Frodo« oder »Mein Zeug« geben und sie an so ziemlich jeden Platz stellen. Unter Unix dagegen ist die höchste Ebene – die Wurzel – des Dateisystems immer mit dem Symbol »/« bezeichnet und enthält immer dieselbe Gruppe oberster Verzeichnisse:

/usr /etc /var /bin /proc /boot /home /root /sbin /dev /lib /tmp

Jedes dieser Verzeichnisse hat natürlich seine ganz eigene Struktur von Unterverzeichnissen. Man beachte den zwanghaften Gebrauch von Abkürzungen und die unbedingte Vermeidung von Großbuchstaben; dieses System ist von Leuten entwickelt worden, für die stressbedingte

Krankheitssymptome das sind, was die Kohlenstaublunge für Bergarbeiter ist. Lange Namen schleifen sich wie Kiesel, die vom Flusswasser geglättet werden, zu Drei- oder Vierbuchstabenklümpchen ab.

Dies ist nicht der Ort, um zu erklären, warum jedes der oben genannten Verzeichnisse existiert und was darin enthalten ist. Anfangs erscheint alles undurchsichtig; schlimmer noch, es scheint mit Absicht undurchsichtig zu sein. Als ich mit Linux zu arbeiten begann, war ich daran gewöhnt, Verzeichnisse zu erstellen, wo immer ich wollte, und ihnen jeden beliebigen Namen zu geben, der mir gerade einfiel. Unter Unix hat man natürlich auch die Freiheit, das zu tun (man kann überhaupt tun, was man will), aber je mehr Erfahrung man mit diesem System sammelt, desto besser versteht man, dass die oben aufgeführten Verzeichnisse aus guten Gründen so erstellt wurden und dass man es sich wesentlich leichter macht, wenn man sich daran hält. (Innerhalb von /home hat man übrigens so gut wie unbegrenzte Möglichkeiten.)

Wenn so etwas einige hundert oder gar tausend Mal passiert ist, wird dem Hacker klar, warum Unix ist, wie es ist, und er kommt zu dem Schluss, dass es anders nicht sein könnte. Dieser kulturelle Anpassungsprozess ist es, der den Unix-Hackern ihr Vertrauen in das System und die in dem *Dilbert*-Cartoon eingefangene Haltung ruhiger, unerschütterlicher, aufreizender Überlegenheit verleiht. Windows 95 und MacOS sind Produkte, die von Ingenieuren im Dienst bestimmter Unternehmen entwickelt wurden. Unix dagegen ist weniger ein Produkt als die mühsam zusammen getragene mündliche Überlieferung der Hacker-Subkultur. Es ist unser *Gilgamesch*-Epos.

Was alte Epen wie *Gilgamesch* so kraftvoll und langlebig machte, war, dass sie lebendige Geschichten waren, die viele Leute auswendig kannten, immer wieder erzählten – und je nach Fantasie selbst noch ausschmückten. Die schlechten Ausschmückungen wurden niedergemacht, die guten von anderen aufgegriffen, poliert, verbessert und nach und nach der Geschichte einverleibt. In gleicher Weise kennen, lieben und verstehen so viele Hacker Unix, dass es, immer wenn jemand es braucht, neu geschaffen werden kann. Das ist für Leute, die es gewohnt sind, Betriebssysteme als etwas zu sehen, was zwangsläufig von einem Unternehmen entwickelt und verkauft werden muss, nur schwer nachvollziehbar.

Viele Hacker haben mehr oder minder erfolgreich Neuimplementierungen des Unix-Ideals lanciert. Jede bringt neue Verzierungen mit sich. Manche von ihnen verlieren sich schnell, andere verschmelzen mit ähnlichen Neuerungen, die parallel von verschiedenen am selben Problem arbeitenden Hackern geschaffen wurden, wieder andere werden in den Epos einbezogen und übernommen. So ist Unix langsam um einen einfachen Kern herum angewachsen und hat eine Art von Komplexität und Asymmetrie angenommen, die genauso organisch ist wie die Wurzeln eines Baums oder die Verzweigungen einer Kranzarterie. Es zu verstehen geht mehr in die Anatomie als in die Physik.

Bevor ich Linux übernahm, hatte ich schon seit mindestens einem Jahr davon gehört. Glaubwürdige, gut informierte Leute erzählten mir immer wieder, ein Häufchen Hacker hätten eine Implementierung von Unix zusammengebaut, die kostenlos aus dem Internet heruntergeladen werden könne. Lange Zeit konnte ich mich nicht dazu durchringen, diese Meinung ernst zu nehmen. Es kam mir vor wie das Gerücht, eine Gruppe von Modellraketen-Fans hätten eine rundum funktionsfähige Saturn V kreiert, indem sie über Internet Blaupausen ausgetauscht und sich gegenseitig Ventile und Flansche zugemailt hätten.

Aber es ist wahr. Die Anerkennung für Linux geht normalerweise an seinen menschlichen Namensvetter einen gewissen Linus Torvalds, einen Finnen, der das Ganze 1991 ins Rollen brachte, als er einige der GNU-Tools dazu benutzte, die Anfänge eines Unix-Kernels zu schreiben, die auf PC-kompatibler Hardware laufen konnten. In der Tat verdient Torvalds die ganze Anerkennung, die er je bekommen hat, und noch viel mehr. Allein hätte er es jedoch nicht geschafft, ebenso wenig wie Richard Stallman es geschafft hätte. Um überhaupt Code zu schreiben, brauchte Torvalds preiswerte, aber leistungsfähige Entwicklungswerkzeuge, und die bekam er von Stallmans GNU-Projekt.

Und er brauchte billige Hardware, auf der er diesen Code schreiben konnte. An billige Hardware ist viel schwieriger zu kommen als an billige Software. Ein Einzelner (Stallman) kann Software schreiben und kostenlos ins Netz stellen; um aber Hardware herzustellen, braucht man eine ganze industrielle Infrastruktur, die beim besten Willen nicht billig ist. Der einzige Weg, Hardware billig zu machen, ist tatsächlich der, eine unglaublich hohe Stückzahl auszuwerfen, sodass die Kosten pro Einheit am Ende sinken. Aus bereits dargelegten Gründen hatte Apple kein Interesse daran, die Hardwarepreise sinken zu sehen. Der einzige Grund, warum Torvalds billige Hardware hatte, war Microsoft.

Microsoft weigerte sich, ins Hardwaregeschäft einzusteigen, entwickelte ganz bewusst seine Software so, dass sie auf Hardware lief, die jeder bauen konnte, und schuf auf diese Weise genau die Marktbedingungen, die ein Absacken der Hardwarepreise möglich machten. Bei dem Versuch, das Phänomen Linux zu begreifen, müssen wir unseren Blick also nicht auf einen einzelnen Neuerer, sondern auf eine Art seltsame Dreieinigkeit richten: Linus Torvalds, Richard Stallman und Bill Gates. Nähme man einen von ihnen weg, gäbe es Linux gar nicht.

OS-SCHOCK

Junge Amerikaner, die ihr riesiges homogenes Land verlassen und irgendeinen anderen Teil der Welt besuchen, durchlaufen typischerweise verschiedene Stadien eines Kulturschocks: zunächst sprachloses, naives Staunen. Dann ein vorsichtiges sich Herantasten an Sitten und Gebräuche, Küche, öffentliche Verkehrsmittel und Toiletten, das in eine kurze Phase der törichten Zuversicht mündet, im Handumdrehen Kenner dieses fremden Landes geworden zu sein. Wenn der Besuch andauert, stellt sich allmählich Heimweh ein und dem Reisenden wird zum ersten Mal bewusst, was er zu Hause alles für selbstverständlich gehalten hat. Gleichzeitig scheint offenbar zu werden, dass viel von der eigenen Kultur und Tradition im Grunde genommen willkürlich ist und auch ganz anders hätte sein können, wie zum Beispiel das Fahren auf der rechten Straßenseite. Wenn der Reisende nach Hause kommt und eine Bilanz dieser Erfahrung zieht, hat er möglicherweise über Amerika eine ganze Menge mehr gelernt als über das Land, das er bereist hat.

Aus denselben Gründen lohnt es sich, Linux auszuprobieren. Es ist in der Tat ein merkwürdiges Land, aber man muss ja nicht dort leben; ein kurzer Aufenthalt genügt schon, um die Atmosphäre dieses Ortes zu erspüren und – was noch wichtiger ist – alles offen zu legen, was man für selbstverständlich hält und was unter Windows und MacOS hätte anders gemacht werden können.

Ausprobieren kann man es nur, wenn man es installiert. Bei jedem anderen Betriebssystem wäre die Installation ein einfaches Geschäft: Irgendein Unternehmen würde einem gegen Geld eine CD-ROM geben und dann würde man loslegen. Doch diese Art von Geschäft schließt einiges ein, was man im Einzelnen durchgehen muss.

Wir in Amerika lieben klare Transaktionen und einfache Geschäfte. Geht man nach Ägypten und nimmt dort beispielsweise irgendwo ein Taxi, wird man zu einem Bestandteil im Leben des Taxifahrers; er lehnt es ab, Geld von einem zu nehmen, denn das würde die Freundschaft entwerten, er folgt einem durch die Stadt und vergießt heiße Tränen, wenn man in das Taxi von jemand anderem steigt. Schließlich lernt man irgendwo seine Kinder kennen und muss alle möglichen Tricks anwenden, um ihn irgendwie zu bezahlen, ohne dass seine Ehre verletzt wird. Es ist anstrengend. Manchmal wünscht man sich eine ganz einfache Taxifahrt im Manhattan-Stil.

Will man aber eine Situation nach amerikanischem Muster haben, wo man einfach auf die Straße gehen, einem Taxi winken und losfahren kann, braucht man einen ganzen verborgenen Apparat von Taxilizenzen, Inspektoren, Kommissionen und so weiter – was in Ordnung ist, solange Taxis billig sind und man immer eins bekommen kann. Versagt das System in irgendeiner Hinsicht, wird es mysteriös und ärgerlich und verwandelt ansonsten vernünftige Menschen in Verschwörungstheoretiker. Bricht jedoch das ägyptische System zusammen, tut es das auf sehr transparente Weise. Man bekommt kein Taxi, aber der Neffe des Fahrers taucht zu Fuß auf, um das Problem zu erklären und sich zu entschuldigen.

Microsoft und Apple tun Dinge nach Manhattan-Art, wobei sich hinter der Mauer einer Benutzeroberfläche eine gewaltige Komplexität verbirgt. Linux tut Dinge auf ägyptische Art, bei der sich eine gewaltige Komplexität offen über die ganze Landschaft erstreckt. Wenn man gerade mit dem Flugzeug von Manhattan gekommen ist, hebt man erst einmal die Hände gen Himmel und stöhnt: »Das darf doch wohl nicht wahr sein! Können die sich hier nicht mal zusammenreißen!?« Doch damit macht man sich in Linux-Land ebenso wenig Freunde wie in Ägypten.

Linux kann man sozusagen einfach aus der Luft saugen, indem man die richtigen Dateien herunterlädt und an die richtigen Stellen setzt, aber vermutlich gibt es auf der Welt nicht mehr als ein paar Hundert Leute, die auf diesem Weg ein funktionierendes Linux-System erstellen könnten. Was man tatsächlich braucht, ist eine Distribution, das heißt ein fertig geschnürtes Dateipaket. Distributionen sind jedoch etwas anderes als Linux an sich.

Linux an sich ist nicht eine spezielle Reihe von Einsen und Nullen, sondern eine sich selbst organisierende Internet-Subkultur. Das Ergebnis der darin enthaltenen kollektiven geistigen Arbeit ist ein umfangreicher Bestand an Quellcode, der fast ausschließlich in C (der meistverwendeten Computerprogrammiersprache) geschrieben ist. »Quellcode« bezeichnet dabei ein Computerprogramm, wie es von irgendeinem Hacker eingetippt und editiert wurde. Ist es in C geschrieben, steht am Ende des Dateinamens je nach verwendetem Dialekt wahrscheinlich .c oder .cpp; ist es in einer anderen Sprache geschrieben, wird es irgendeinen anderen Zusatz tragen. Häufig finden sich solche Dateien in einem Verzeichnis mit dem Namen /src, der hebräischen Abkürzung der Hacker für »source« (dt. Quelle).

Quelldateien sind für den Computer nutzlos und für die meisten Anwender kaum von Interesse, haben aber eine enorme kulturelle und politische Bedeutung, da Microsoft und Apple sie geheim halten, während Linux sie öffentlich macht. Sie sind die Familienjuwelen. Sie sind das, was in Hollywood-Thrillern als McGuffin benutzt wird: der Plutoniumbombenkern, die streng geheimen Entwürfe, der Koffer mit Inhaberschuldverschreibungen, die Mikrofilmrolle. Würden die Quelldateien für Windows oder MacOS über Internet veröffentlicht, wären diese Betriebssysteme fortan frei zugänglich wie Linux – nur nicht so gut, denn es wäre niemand da, um Fehler zu beheben und Fragen zu beantworten. Linux ist »open source«-Software, was nichts anderes bedeutet, als dass jeder Kopien von dessen Quellcode-Dateien bekommen kann.

Der Computer ist ebenso wenig an Quellcode interessiert wie wir; er will Maschinencode. Maschinencodedateien haben charakteristischerweise den Zusatz .o und sind für niemanden lesbar, sieht man von einigen wenigen äußerst merkwürdigen Menschen ab, da sie nur aus Einsen und Nullen bestehen. Dementsprechend taucht diese Art von Datei normalerweise in einem Verzeichnis mit dem Namen /bin für »binary« auf.

Quelldateien sind einfach ASCII-Textdateien. ASCII bezeichnet eine bestimmte Art, Buchstaben in Bitmuster zu kodieren. In einer ASCII-Datei sind jedem Zeichen acht Bit zugeordnet. Das ergibt ein potentielles »Alphabet« von 256 verschiedenen Zeichen, da acht Binärziffern so viele unterschiedliche Muster bilden können. In der Praxis beschränken wir uns natürlich eher auf die gängigen Buchstaben und Ziffern. Die Bit-Muster, die der Darstellung dieser Buchstaben und Ziffern dienen, sind dieselben, die von meinem Fernschreiber in der Highschool physikalisch in den Lochstreifen gestanzt wurden, und die wiederum waren dieselben, die in den Jahrzehnten davor in der Telegraphie benutzt wurden. Mit anderen Worten, ASCII-Textdateien sind Telegramme und haben als solche keinerlei typografische Verzierungen. Aus demselben Grund sind sie aber auch beständig, da der Code sich nie ändert, und universell, weil jede textbe- und verarbeitende Software, die je geschrieben wurde, diesen Code kennt.

Deswegen kann so gut wie jede Software dazu verwendet werden, Quellcodedateien zu erstellen, zu editieren und zu lesen. Mithilfe einer Software, die man Compiler nennt, werden dann aus diesen Quelldateien Maschinencodedateien gewonnen und mittels einer anderen Software namens Linker zu einem ablauffähigen Programm verbunden.

Diese Triade aus Editor, Compiler und Linker bildet zusammengenommen den Kern eines Softwareentwicklungssystems. Nun ist es ja möglich, eine Menge Geld für eingeschweißte Entwicklungssysteme mit hübschen grafischen Benutzeroberflächen und verschiedenen ergonomischen Vorteilen hinzublättern. In manchen Fällen mag es sogar eine gute, vernünftige Art sein, Geld auszugeben. Doch auf dieser Straßenseite, um in dem Bild zu bleiben, ist das frei zugängliche Zeug in der Regel die allerbeste Software. Editor, Compiler und Linker sind für Hacker das, was Ponys, Steigbügel und Pfeil und Bogen für die Mongolen waren. Hacker leben im Sattel und hacken sogar, während sie sie benutzen, auf ihren eigenen Werkzeugen, um neue Anwendungsprogramme zu erstellen. Es ist ganz und gar unvorstellbar, dass Produktingenieure, die man vor ein weißes Blatt Papier setzt, überragende Hackerwerkzeuge erstellen können. Und sollten sie die hellsten Köpfe der Welt sein, sie wären schon rein zahlenmäßig unterlegen.

In der GNU/Linux-Welt gibt es zwei bedeutende Textbearbeitungsprogramme: das minimalistische vi (in manchen Implementierungen auch unter elvis bekannt) und das maximalistische emacs. Ich benutze emacs, das man sich als thermonukleares Textverarbeitungssystem vorstellen könnte. Geschaffen wurde es von Richard Stallman; mehr braucht man nicht zu sagen. Es ist in Lisp, der einzigen schönen Computersprache geschrieben. Es ist gewaltig und dennoch editiert es nur reine ASCII-Textdateien, das heißt keine Fonts, keinen Fettdruck, keine Unterstreichungen. Mit anderen Worten, die Entwicklerstunden, die im Fall von Microsoft Word auf Leistungsmerkmale wie Serienbrieffunktion und die Fähigkeit, abendfüllende Spielfilme in Firmenmitteilungen einzubetten, verwendet wurden, waren im Fall von emacs mit einer geradezu wahnsinnigen Intensität auf das täuschend einfach erscheinende Problem der Druckaufbereitung von Text gerichtet. Wenn Sie ein professioneller Schriftsteller sind – d.h. wenn jemand anderes dafür bezahlt wird, dass er sich darum kümmert, wie Ihre Wörter formatiert und gedruckt werden – überstrahlt emacs sämtliche andere Druckaufbereitungssoftware in etwa derselben Weise, wie die Mittagssonne die Sterne überstrahlt. Es ist nicht nur größer und heller; es lässt einfach alles andere verschwinden. Für das Seitenlayout und das Drucken kann man TeX verwenden: eine umfangreiche Sammlung an Schriftsatzkenntnissen, die in C geschrieben und ebenfalls im Internet frei zugänglich ist.

Ich könnte eine Menge über emacs und TeX sagen, aber im Moment versuche ich, eine Geschichte darüber zu erzählen, wie man Linux auf seiner Maschine installiert. Die Herangehensweise des beinharten Überlebenskünstlers wäre die, einen Editor wie emacs und die GNU-Tools – Compiler und Linker –, die ebenso geschliffen und ausgezeichnet wie emacs sind, herunterzuladen. Solchermaßen ausgerüstet könnte man anfangen, ASCII Quellcodedateien (/src) herunterzuladen und sie in binäre lauffähige Maschinencodedateien (/bin) zu kompilieren. Um aber allein an diesem Punkt anzukommen – zum Beispiel emacs zum Laufen zu bringen –, muss Linux bereits auf der Maschine funktionieren. Und selbst ein minimales Linux-Betriebssystem erfordert Tausende von Binärdateien, die alle zusammenwirken und nach einem genauen Plan angeordnet und miteinander verbunden sind.

Verschiedene Leute haben deshalb aus eigenem Antrieb »Distributionen« von Linux geschaffen. Wenn ich die Ägypten-Analogie noch ein wenig ausdehnen darf, dann sind diese Leute gewissermaßen Fremdenführer, die einen am Flughafen empfangen, die die eigene Sprache sprechen und einem helfen, den anfänglichen Kulturschock besser zu überstehen. Als Ägypter wird man die Sache natürlich genau umgekehrt sehen: Fremdenführer sollen primitive Ausländer davon abhalten, durch die Moscheen zu latschen und einem immer und immer wieder dieselben Fragen zu stellen.*

Manche dieser Fremdenführer sind kommerzielle Organisationen wie Red Hat Software, die eine Linux-Distribution namens Red Hat mit einem relativ kommerziellen Anstrich macht. In den meisten Fällen schiebt man eine Red Hat CD-ROM in seinen PC, rebootet und den Rest erledigt sie allein. Genau wie ein Fremdenführer in Ägypten irgendeine Form von Entschädigung für seine Dienste erwartet, muss man für kommerzielle Distributionen zahlen. Meistens kosten sie fast nichts und sind ihren Preis auf jeden Fall wert.

Ich benutze eine Distribution namens Debian** (das Wort ist eine Zusammenziehung von »Deborah« und »Ian«), die nicht kommerziell ist. Organisiert ist sie (oder sollte ich besser sagen »hat sie sich selbst«) so ähnlich wie Linux allgemein, das heißt, sie besteht aus Freiwilli-

---

* In jedem exotischen Land ist der beste Fremdenführer ein Einheimischer, der fließend Englisch spricht. Eric S. Raymond ist ein herausragender Open-Source-Hacker und mittlerweile der führende Anthropologe des Open-Source-Stammes. Er hat im Internet eine fortlaufende Serie von Texten veröffentlicht. Der erste und bekannteste ist »The Cathedral and the Bazaar« (Die Kathedrale und der Bazar). Der zweite ist »Homesteading the Noosphere« (Die Noosphäre besiedeln). Weitere sind geplant. Der zuverlässigste Weg, diese Essays zu finden, ist ein Besuch auf Raymonds Website unter www.tuxedo.org/~esc/
** Ihr kompletter Name im Sinne Stallmans würde eigentlich »Debian GNU/Linux« lauten. Diese Nomenklatur ist eine Art, uns implizit an etwas zu erinnern, was ich hier explizit zu erklären versucht habe, nämlich dass ohne GNU nichts von alledem existieren würde.

gen, die über Internet zusammenarbeiten und sich jeweils um einen bestimmten Teil des Systems kümmern. Diese Leute haben Linux in eine Reihe von Paketen aufgegliedert, die als komprimierte Dateien zu einem bereits funktionierenden Debian Linux System heruntergeladen, dann geöffnet und mit Hilfe eines freien Installationsprogramms entpackt werden können. Natürlich hat Debian als solches keinen kommerziellen Background – keinen Vertriebsmechanismus. Man kann sämtliche Debian-Pakete aus dem Internet herunterladen, aber die meisten Leute möchten sie wohl lieber auf CD-ROM haben. Verschiedene Unternehmen haben von sich aus alle aktuellen Debian-Pakete auf CD-ROMs gebrannt und dann verkauft. Ich habe meine von Linux Systems Labs. Der Preis für ein aus drei CDs bestehendes Set, das Debian in seiner Gesamtheit enthält, beträgt weniger als drei Dollar. Allerdings (und das ist ein wichtiges Unterscheidungsmerkmal) geht von diesen drei Dollar nicht ein einziger Penny an die Codierer, die Linux entwickelt haben, oder an die Debian-Paketierer. Alles geht an Linux Systems Labs und ist nicht etwa der Gegenwert für die Software oder die Pakete, sondern dafür, dass die CD-ROMs gebrannt und auf den Markt geworfen werden.

In jeder Linux-Distribution steckt ein mehr oder minder raffinierter Hackertrick, um den normalen Bootprozess zu umgehen und den Computer zu veranlassen, sich, nachdem er eingeschaltet wurde, nicht als PC, auf dem Windows läuft, sondern als ein »Wirt«, auf dem

Unix läuft, zu organisieren. Das kommt einem, wenn man es zum ersten Mal sieht, etwas beunruhigend vor, ist aber völlig harmlos. Vor dem Hochfahren durchläuft der PC eine kleine Eigentestroutine, bei der er verfügbare Datenträger und freien Speicherplatz überprüft, und fängt dann an, einen Datenträger zu suchen, von dem aus er hochfahren kann. Bei jedem normalen Windows-Computer wird das die Festplatte sein. Wenn man sein System jedoch richtig konfiguriert hat, wird es zuerst nach einer Diskette oder CD-ROM suchen und, falls eine verfügbar ist, von dieser aus hochfahren.

Linux nutzt diese Eigenart. Der Computer bemerkt eine urladefähige Diskette oder eine CD-ROM im jeweiligen Laufwerk, lädt von diesem Datenträger Maschinencode herunter und fängt blind an, ihn auszuführen. Es ist aber kein Microsoft- oder Apple-Code, es ist Linux-Code, und deshalb beginnt der Computer an dieser Stelle, sich ganz anders als normal zu verhalten. Rätselhafte Botschaften rollen über den Bildschirm. Bei einem kommerziellen Betriebssystem sähe man jetzt einen »Willkommen bei MacOS«-Cartoon oder einen Bildschirm mit lauter Wolken vor blauem Himmel und dazu ein Windows-Logo. Bei Linux dagegen bekommt man ein langes, in schlichten weißen Buchstaben auf schwarzem Hintergrund gedrucktes Telegramm. Kein »Herzlich willkommen!«. Der größte Teil des Telegramms wirkt auf ebenso unergründliche Weise bedrohlich wie Graffiti-Tags.

Dec 14 15:04:15 theRev syslogd 1.3-3#17: restart. Dec 14 15:04:15 theRev kernel: klogd 1.3-3, log source = /proc/kmsg started. Dec 14 15:04:15 theRev kernel: Loaded 3535 symbols from /System.map. Dec 14 15:04:15 theRev kernel: Symbols match kernel version 2.0.30. Dec 14 15:04:15 theRev kernel: No module symbols loaded. Dec 14 15:04:15 theRev kernel: Intel MultiProcessor Specification v1.4 Dec 14 15:04:15 theRev kernel: Virtual Wire compatibility mode. Dec 14 15:04:15 theRev kernel: OEM ID: INTEL Product ID: 440FX APIC at: 0xFEE00000 Dec 14 15:04:15 theRev kernel: Processor #0 Pentium(tm) Pro APIC version 17 Dec 14 15:04:15 theRev kernel: Processor #1 Pentium(tm) Pro APIC version 17 Dec 14 15:04:15 theRev kernel: I/O APIC #2 Version 17 at 0xFEC00000. Dec 14 15:04:15 theRev kernel: Processors: 2 Dec 14 15:04:15 theRev kernel: Console: 16 point font, 400 scans Dec 14 15:04:15 theRev kernel: Console: colour VGA+ 80x25, 1 virtual console (max 63) Dec 14 15:04:15 theRev kernel: pcibios_init : BIOS32 Service Directory structure at 0x000fdb70 Dec 14 15:04:15 theRev kernel: pcibios_init : BIOS32 Service Directory entry at 0xfdb80 Dec 14 15:04:15 theRev kernel: pcibios_init : PCI BIOS revision 2.10 entry at 0xfdba1 Dec 14 15:04:15 theRev kernel: Probing PCI hardware. Dec 14 15:04:15 theRev kernel: Warning : Unknown PCI device (10b7:9001). Please read include/linux/pci.h Dec 14 15:04:15 theRev kernel: Calibrating delay loop... Ok - 179.40 BogoMIPS Dec 14 15:04:15

theRev kernel: Memory: 64268k/66556k available (700k kernel code, 384k reserved, 1204k data) Dec 14 15:04:15 theRev kernel: Swansea University Computer Society NET3.035 for Linux 2.0 Dec 14 15:04:15 theRev kernel: NET3: Unix domain sockets 0.13 for Linux NET3.035. Dec 14 15:04:15 theRev kernel: Swansea University Computer Society TCP/IP for NET3.034 Dec 14 15:04:15 theRev kernel: IP Protocols: ICMP, UDP, TCP Dec 14 15:04:15 theRev kernel: Checking 386/387 coupling ... Ok, fpu using exception 16 error reporting. Dec 14 15:04:15 theRev kernel: Checking 'hlt' instruction... Ok. Dec 14 15:04:15 theRev kernel: Linux version 2.0.30 (root@theRev) (gcc version 2.7.2.1) #15 Fri Mar 27 16:37:24 PST 1998 Dec 14 15:04:15 theRev kernel: Booting processor 1 stack 00002000: Calibrating delay loop.. ok -179.40 BogoMIPS Dec 14 15:04:15 theRev kernel: Total of 2 processors activated (358.81 BogoMIPS). Dec 14 15:04:15 theRev kernel: Serial driver version 4.13 with no serial options enabled Dec 14 15:04:15 theRev kernel: tty00 at 0x03f8 (irq = 4) is a 16550A Dec 14 15:04:15 theRev kernel: tty01 at 0x02f8 (irq = 3) is a 16550A Dec 14 15:04:15 theRev kernel: 1p1 at 0x0378, (polling) Dec 14 15:04:15 theRev kernel: PS/2 auxiliary pointing device detected -- driver installed. Dec 14 15:04:15 theRev kernel: Real Time Clock Driver v1.07 Dec 14 15:04:15 theRev kernel: loop: registered device at major 7 Dec 14 15:04:15 theRev kernel: ide: i82371 PIIX (Triton) on PCI bus 0 function 57 Dec 14 15:04:15 theRev kernel: ideo: BM-DMA at 0xffa0-0xffa7 Dec 14 15:04:15 theRev kernel: ide1: BM-DMA at 0xtfa8-0xffaf Dec 14 15:04:15 theRev kernel: hda: Conner Peripherals 1275MB - CFS1275A, 1219MB w/64kB Cache, LBA, CHS=619/64/63 Dec 14 15:04:15 theRev kernel: hdb: Maxtor 84320A5, 4119MB w/256kB Cache, LBA, CHS=8928/15/63, DMA Dec 14 15:04:15 theRev kernel: hdc: , ATAPI CDROM drive Dec 15 11:58:06 theRev kernel: ideo at 0x1f0-0x1f7,0x3f6 on irq 14 Dec 15 11:58:06 theRev kernel: ide1 at 0x170-0x177,0x376 on irq 15 Dec 15 11:58:06 theRev kernel: Floppy drive(s): fd0 is 1.44M Dec 15 11:58:06 theRev kernel: Started kswapd v 1.4.2.2 Dec 15 11:58:06 theRev kernel: FDC 0 is a National Semiconductor PC87306 Dec 15 11:58:06 theRev kernel: md driver 0.35 MAX_MD_DEV=4, MAX_REAL=8 Dec 15 11:58:06 theRev kernel: PPP: version 2.2.0 (dynamic channel allocation) Dec 15 11:58:06 theRev kernel: TCP compression code copyright 1989 Regents of the University of California Dec 15 11:58:06 theRev kernel: PPP Dynamic channel allocation code copyright 1995 Caldera, Inc. Dec 15 11:58:06 theRev kernel: PPP line discipline registered. Dec 15 11:58:06 theRev kernel: SLIP: version 0.8.4-NET3.019-NEWTTY (dynamic channels, max=256). Dec 15 11:58:06 theRev kernel: eth0: 3Com 3c900 Boomerang 10Mbps/Combo at 0xef00, 00:60:08:a4:3c:db, IRQ 10 Dec 15 11:58:06 theRev kernel: 8K word-wide RAM 3:5 Rx:Tx split, 10base2 interface. Dec 15 11:58:06 theRev kernel: Enabling bus-master transmits and whole-frame receives. Dec 15 11:58:06 theRev kernel: 3c59x.c:v0.49 1/2/98 Donald Becker http: cesdis.gsfc.nasa.gov/linux/drivers/vortex.html Dec 15 11:58:06 theRev kernel: Partition check: Dec 15 11:58:06 theRev kernel: hda: hda1 hda2 hda3 Dec 15 11:58:06 theRev kernel: hdb: hdb1 hdb2 Dec 15 11:58:06 theRev kernel: VFS: Mounted root (ext2 filesystem) readonly. Dec 15 11:58:06 theRev kernel: Adding Swap: 16124k swap-space (priority -1) Dec 15 11:58:06 theRev kernel: EXT2-fs warning: maximal mount count reached, running e2fsck is recommended Dec 15 11:58:06 theRev kernel: hdc: media changed Dec 15 11:58:06 theRev kernel: ISO9660 Extensions: RRIP_1991A Dec 15 11:58:07 theRev syslogd 1.3-3#17: restart. Dec 15 11:58:09 theRev diald[87]: Unable to open options file /etc/diald/diald.options: No such file or directory Dec 15 11:58:09 theRev diald[87]: No device specified. You must have at least one device! Dec 15 11:58:09 theRev diald[87]: You must define a connector script (option 'connect'). Dec 15 1 1:58:09 theRev diald[87]: You must define the remote ip address. Dec 15 11:58:09 theRev diald[87]: You must define the local ip address. Dec 15 11:58:09 theRev diald[87]: Terminating due to damaged reconfigure.

Die einzigen Teile hiervon, die für normale Menschen lesbar sind, sind die Fehlermeldungen und Warnungen. Dabei ist erwähnenswert, dass Linux nicht anhält oder abstürzt, wenn es auf einen Fehler trifft; es spuckt eine deftige Beschwerde aus, kümmert sich nicht weiter um die defekten Prozesse und läuft einfach weiter. Das war bei den frühen Versionen der Apple- und Microsoft-Betriebssysteme ganz und gar nicht der Fall, und zwar aus dem einfachen Grund, dass ein Betriebssystem, das nicht gleichzeitig gehen und Kaugummi kauen kann, vermutlich auch nicht in der Lage ist, sich von Fehlern zu erholen. Die Fehlersuche und -behandlung erfordert einen separaten Prozess, der parallel zu dem abläuft, der die Fehler produziert. Eine Art Über-Ich, wenn man so will, das alle anderen im Auge behält und einspringt, wenn eins verloren geht. Seit MacOS und Windows imstande sind, mehr als eine Sache auf einmal zu tun, können sie es viel besser mit Fehlern aufnehmen als früher, sind aber in dieser Hinsicht noch Welten von Linux oder anderen Unixen entfernt, und ihre größere Komplexität hat sie für neue Fehlertypen anfällig gemacht.

FEHLBARKEIT, SÜHNE, RETTUNG, VERTRAUEN UND ANDERE OBSKURE TECHNIKBEGRIFFE

Linux kann keine zentral organisierten Prinzipien haben, nach denen Fehlermeldungen und -dokumentationen geschrieben werden, also schreibt jeder Programmierer seine eigenen. Normalerweise sind sie in Englisch, obwohl es massenhaft europäische Linux-Programmierer gibt. Oft sind sie witzig. Und immer sind sie ehrlich. Wenn etwas Schlimmes passiert ist, weil die Software einfach noch nicht fertig ist oder der Anwender irgendetwas verkorkst hat, wird das unverblümt festgestellt. Die befehlsorientierte Benutzeroberfläche erleichtert es den Programmen, hier und da kurze Kommentare, Warnungen und Botschaften einfließen zu lassen. Selbst wenn das Anwendungsprogramm wie ein getroffenes U-Boot implodiert, kann es in der Regel immer noch einen kleinen SOS-Ruf absetzen. Manchmal, wenn man die Arbeit mit einem Programm beendet und es schließt, stellt man fest, dass es in dem Fenster der Oberfläche, von dem aus man es gestartet hatte, eine Reihe sanfter Warnungen und harmloser Fehlermeldungen hinterlassen hat – als erzählte die Software einem jetzt, wie es ihr die ganze Zeit, während man mit ihr gearbeitet hat, ergangen ist.

Die Dokumentation findet man unter Linux in Form

von man- (kurz für manual) Seiten. Zugriff dazu bekommt man entweder über eine GUI (xman) oder über die Befehlszeile (man). Als Beispiel für eine man-Seite hier die eines Programms namens rsh:

> Stop-Signale halten nur den lokalen rsh-Prozess an; das ist wohl falsch, jedoch derzeit aus Gründen, die zu kompliziert sind, um sie hier zu erklären, schwer zu ändern.

Die Manual-Seiten enthalten eine Menge solchen Materials, das sich liest wie die zwischen den Zähnen hervorgestoßenen Flüche von Piloten, die mit der Steuerung beschädigter Flugzeuge ringen. Grob gesagt fühlt man sich etwa so, als hätte man tausend gewaltige, aber undurchsichtige Kämpfe im zuckenden Licht eines Stroboskops vor sich. Jeder Programmierer kämpft mit seinen eigenen Hindernissen und Fehlern; er ist zu sehr damit beschäftigt, sie zu beheben und die Software zu verbessern, um Dinge lang und breit zu erklären oder wohl durchdachte Ansprüche zu verfechten.

In der Praxis wird man, während Linux läuft, so gut wie nie auf einen ernstzunehmenden Fehler stoßen. Tut man es doch, ist die Software fast immer kommerzieller Herkunft (verschiedene Händler verkaufen Software, die unter Linux läuft, und jeden Monat wird es mehr). Das Betriebssystem und seine grundlegenden Anwendungsprogramme sind zu bedeutend, um ernst zu nehmende Fehler zu enthalten. Seit Ende 1995 arbeite ich nun Tag für Tag mit Linux und habe viele Anwendungsprogramme in Flammen aufgehen sehen, aber nie ist das Betriebssystem abgestürzt. Nie. Nicht ein einziges Mal. Es gibt ziemlich viele Linux-Systeme, die monate- oder jahrelang ununterbrochen gelaufen sind und viel geschafft haben, ohne dass je ein Neustart notwendig gewesen wäre.

Kommerzielle Betriebssystemhersteller müssen Fehlern gegenüber offiziell dieselbe Haltung einnehmen wie früher kommunistische Länder gegenüber der Armut. Aus Gründen der Doktrin war es ihnen unmöglich einzuräumen, dass Armut in kommunistischen Ländern ein ernst zu nehmendes Problem darstellte, bestand doch der Sinn des Kommunismus gerade darin, die Armut auszurotten. Auch Hersteller von kommerziellen Betriebssystemen wie Apple und Microsoft können nicht herumlaufen und zugeben, dass ihre Software Fehler birgt und dauernd abstürzt, ebenso wenig wie Disney in Pressemitteilungen verlautbaren kann, Micky Maus sei ein Schauspieler im Anzug.

Das ist ein Problem, denn Fehler existieren und Programmfehler treten auf. Alle paar Monate versucht Bill Gates vor einem großen Publikum ein neues Microsoftprodukt vorzuführen, und dann geht die Sache nach hinten los. Die Verkäufer von kommerziellen Betriebssystemen sind angesichts ihrer Geschäftstätigkeit gezwungen, die höchst unaufrichtige Position zu vertreten, Fehler seien seltene Abirrungen, an denen normalerweise jemand anderes schuld sei und über die man deshalb gar nicht im Einzelnen reden müsse. Diese Haltung, von der jedermann weiß, wie absurd sie ist, findet sich aber nicht nur in Pressemitteilungen und Werbekampagnen wieder. Sie durchdringt die ganze Art und Weise, wie diese Unternehmen Geschäfte machen und sich ihren Kunden gegenüber verhalten. Wäre die Dokumentation ordentlich geschrieben, würde sie Fehler, Programmfehler und Abstürze auf jeder einzelnen Seite erwähnen. Spiegelten die Online-Hilfe-Systeme, die zusammen mit den Betriebssystemen geliefert werden, die Erfahrungen und Sorgen ihrer Anwender wider, würden ihre Anweisungen sich weitgehend auf den Umgang mit Abstürzen und Fehlern beziehen.

Das ist jedoch nicht der Fall. Aktiengesellschaften sind wunderbare Erfindungen, die uns viele ausgezeichnete Güter und Dienstleistungen beschert haben. Vieles beherrschen sie wirklich gut. Das Eingeständnis, versagt zu haben, gehört nicht dazu. Mein Gott, nicht einmal kleinere Unzulänglichkeiten können sie zugeben.

Natürlich ist ein solches Verhalten bei einem Unternehmen nicht so krankhaft, wie es das bei einem Menschen wäre. Den meisten Leuten ist mittlerweile klar, dass Unternehmen ihre Pressemitteilungen zum Nutzen der Aktionäre und nicht etwa zur Aufklärung der Öffentlichkeit herausgeben. Manchmal können die Folgen institutioneller Unehrlichkeit, wie im Fall von Tabak und Asbest, verheerend sein. Bei Verkäufern kommerzieller

Betriebssysteme ist das natürlich nicht so; da ist es einfach nur ärgerlich.

Dagegen könnte man nun argumentieren, dass Konsumentenärger mit der Zeit einen festen Belag bildet, unter dem sich bedenkliche Zerfallserscheinungen verbergen können, und dass deshalb Ehrlichkeit auf lange Sicht wohl die beste Taktik ist; ob das auf den Betriebssystemmarkt zutrifft, ist noch nicht heraus. Dieser Markt expandiert so schnell, dass es immer noch viel besser ist, Milliarden chronisch unzufriedener als Millionen glücklicher Kunden zu haben.

Die meisten Systemadministratoren in meinem Bekanntenkreis, die ständig mit Windows NT arbeiten, berichten übereinstimmend, dass es, wenn ernsthafte Probleme auftreten, neu gestartet werden müsse, und dass, wenn es völlig vermurkst sei, die einzige Möglichkeit der Fehlerbehebung darin bestehe, das Betriebssystem von Grund auf neu zu installieren. Jedenfalls kennen sie keine andere Möglichkeit, was letztlich auf dasselbe herauskommt. Es kann gut sein, dass die Ingenieure bei Microsoft alle möglichen Insiderkenntnisse über das richtige Vorgehen nach einem Komplettabsturz haben, aber wenn dem so ist, scheinen sie sie an keinen der Systemadministratoren, die ich kenne, weitergegeben zu haben.

Da Linux nicht kommerziell ist – es ist nämlich kostenlos und außerdem ziemlich schwer zu bekommen, zu installieren und zu bedienen –, braucht es keinerlei

Ansprüche auf Zuverlässigkeit zu erheben. Folglich ist es viel zuverlässiger. Wenn mit Linux irgendetwas schief geht, wird der Fehler bemerkt und sofort lautstark diskutiert. Jeder, der über das notwendige technische Wissen verfügt, kann geradewegs zum Quellcode gehen und die Ursache für den Fehler ausfindig machen; der wird dann rasch von demjenigen Hacker, der die Verantwortung für dieses spezielle Programm übernommen hat, behoben.

Soweit ich weiß, ist Debian die einzige Linux-Distribution, die ihre eigene Konstitution (http://www.debian.org/devel/constitution) hat, aber wirklich überzeugt hat mich seine phänomenale Fehler-Datenbank (http://www.debian.org/Bugs), eine Art interaktives Buch des Jüngsten Gerichts, in dem es um Fehler, Fehlbarkeit und Rettung geht. Es ist sagenhaft einfach. Als ich Anfang Januar 1997 ein Problem mit Debian hatte, schickte ich eine Mail mit einer Beschreibung des Problems an submit@bugs.debian.org. Umgehend wurde mein Problem mit einer Fehlerberichtnummer (Nr. 6518) und einem Schweregrad (zu wählen unter kritisch, ernst, wichtig, normal, behoben und Wunschliste) versehen und über Mailinglisten an Debian-Leute verschickt. Innerhalb von vierundzwanzig Stunden hatte ich fünf E-Mails mit Vorschlägen zur Behebung des Problems erhalten: zwei aus Nordamerika, zwei aus Europa und eine aus Australien. Alle diese E-Mails enthielten dieselben Anweisungen, die auch funktionierten und mein Problem zum Verschwinden brachten. Gleichzeitig wurde aber für den

Fall, dass später andere Anwender einmal dasselbe Problem haben sollten, ein Protokoll dieses E-Mail-Verkehrs in der Fehlerdatenbank von Debian hinterlegt, so dass sie sie nur durchsuchen brauchten und die Lösung würden finden können, ohne einen aufwändigen Fehlerbericht eingeben zu müssen.

Vergleichen wir das nun mit der Erfahrung, die ich machte, als ich etwa zehn Monate später, Ende 1997, versuchte auf derselben Maschine Windows NT 4.0 zu installieren. Das Installationsprogramm hielt ohne irgendeine Fehlermeldung einfach mittendrin an. Ich ging auf die Microsoft Support-Website, wo ich einen Suchvorgang nach vorhandenen Hilfedokumenten mit Angaben zu meinem Problem starten wollte. Die Suchmaschine war gar nicht funktionsfähig; sie rührte sich nicht. Sie gab mir nicht einmal die Meldung, dass sie nicht funktionierte.

Am Ende beschloss ich, dass meine Hauptplatine defekt war; Marke und Modell waren etwas ungewöhnlich und NT unterstützte nicht so viele verschiedene Hauptplatinen wie Linux. Ich suche immer Vorwände, und seien sie auch noch so fadenscheinig, um neue Hardware zu kaufen, und so erstand ich eine neue Hauptplatine, die Windows NT logo-kompatibel war, das heißt, außen auf der Schachtel prangte das Windows NT-Logo. Ich steckte sie in meinen Computer, brachte Linux sofort zum Laufen und versuchte erneut, Windows NT zu installieren. Wieder brach die Installation ohne Fehlermeldung oder sonstige Erklärung ab. Einige Wochen waren ins Land gegangen und ich dachte, die Suchmaschine auf der Microsoft Support-Website würde vielleicht inzwischen funktionieren. Ich machte einen entsprechenden Versuch, hatte aber wieder keinen Erfolg.

Also richtete ich ein neues Microsoft Support-Konto ein und meldete mich an, um den Vorfall darzulegen. Auf die entsprechende Frage hin gab ich meine ID-Nummer ein und folgte den Anweisungen auf einer Reihe von Support-Seiten. Mit anderen Worten, ich reichte genau wie bei dem Debian-Fehlersuchsystem einen Fehlerbericht ein. Nur die Oberfläche war professioneller – ich tippte meine Beschwerde in kleine Textbearbeitungskästchen auf Internetformularen, erledigte das Ganze also über die GUI, während man sie bei Debian in Form eines einfachen E-Mail-»Telegramms« abschickt. Ich wusste, dass mein Fehlerbericht nach Beendigung der Eingabe zu Information in Microsoft-Besitz werden würde und dass kein anderer Benutzer ihn je würde sehen können. Viele Linux-Benutzer würden sich aus moralischen Gründen nicht auf ein solches System einlassen, aber ich wollte es als Experiment einfach mal versuchen. Am Ende konnte ich meinen Fehlerbericht allerdings gar nicht loswerden, da die Folge von verknüpften Web-Seiten, die ich ausfüllte, mich schließlich zu einer vollkommen leeren Seite führte: ich war in einer Sackgasse gelandet.

Also ging ich zurück, klickte die Schaltflächen für »Telefon-Support« an und bekam schließlich eine Microsoft-Telefonnummer. Als ich diese Nummer wählte, hörte ich eine Reihe durchdringender Pieptöne und die Ansage der Telefongesellschaft: »Kein Anschluss unter dieser Nummer.«

Ich probierte es wieder mit der Suche-Seite – sie funktionierte immer noch nicht. Dann noch einmal mit dem PPI (Pay-Per-Incident) Support. Das führte mich über eine weitere Reihe von Web-Seiten erneut in eine Sackgasse, in der es hieß: »Zu Ihrer Anfrage wurde keine Website gefunden.«

Ich versuchte es noch einmal und landete am Ende auf einer Pay-Per-Incident-Seite mit dem Text: »KEINE ANFRAGEN VORHANDEN. Es gibt keine ungebrauchten Anfragen mehr auf Ihrem Konto. Wenn Sie eine Support-Anfrage kaufen möchten, klicken Sie OK – dann können Sie die Vorausgebühr für eine Anfrage zahlen...« Der Preis pro Anfrage betrug 95 Dollar.

Das Experiment schien langsam teuer zu werden, sodass ich den PPI-Ansatz aufgab und beschloss, es mit den FAQs auf der Microsoft-Website zu probieren. Keine der verfügbaren FAQs hatte etwas mit meinem Problem zu tun, abgesehen von einer, die den Titel trug: »Ich habe Probleme mit der Installation von NT«, aber von PR-Leuten und nicht von Ingenieuren geschrieben zu sein schien.

So gab ich auf und habe Windows NT auf dieser speziellen Maschine bis heute nicht installieren können. Der

Weg des geringsten Widerstands war für mich nun der, Debian Linux zu benutzen.

In der Welt der Open Source Software liefern Fehlerberichte nützliche Informationen. Sie zu veröffentlichen ist ein Service für andere Benutzer und verbessert das Betriebssystem. Ihre systematische Veröffentlichung ist so wichtig, dass hochintelligente Leute freiwillig Zeit und Geld in die Pflege von Fehlerdatenbanken stecken. In der Welt der kommerziellen Betriebssysteme dagegen ist das Berichten über einen Fehler ein Privileg, für das ich einen Haufen Geld zahlen muss. Wenn ich aber dafür zahle, folgt daraus, dass der Fehlerbericht geheimgehalten werden muss – andernfalls könnte ja jeder von meinen fünfundneunzig Mäusen profitieren!

Das ist, anders formuliert, ein weiteres Kennzeichen des Betriebssystemmarktes, das nur dann verständlich wird, wenn man es in einem kulturellen Kontext sieht. Was Microsoft durch Pay-Per-Incident verkauft, ist weniger technischer Support als vielmehr die fortgesetzte Illusion, man sei als Microsoft-Kunde Partner in einer Art rationalem Geschäft. Es ist eine Art routinemäßige Wartungsgebühr für die Aufrechterhaltung dieser Vorstellung. Wenn die Leute wirklich ein solides Betriebssystem haben wollten, würden sie Linux benutzen, und wenn sie wirklich auf technischen Support aus wären, fänden sie einen Weg, ihn zu bekommen; die Kunden von Microsoft müssen irgendetwas anderes wollen.

Bis zu dem Zeitpunkt, da ich dies schreibe (Januar

1999), sind der Debian Linux-Datenbank ungefähr 32 000 Fehler gemeldet worden. Fast alle sind längst behoben. Zwölf »kritische« Fehler stehen noch an, von denen der älteste vor neunundsiebzig Tagen gemeldet wurde, und zwanzig »ernste«, von denen der Älteste 1166 Tage alt ist. Dann gibt es noch achtundvierzig »wichtige« und Hunderte »normaler« und weniger bedeutender Fehler.

Entsprechend hat auch das BeOS (zu dem ich gleich kommen werde) seine eigene Fehlerdatenbank (http://www.be.com/developers/bugs) mit einem speziellen Klassifizierungssystem einschließlich solcher Kategorien wie »kein Fehler«, »bestätigte Funktionalität« und »irreparabel«. Manche der »Fehler« entstehen einfach dadurch, dass Be-Hacker Dampf ablassen, und sind unter »Eingabe bestätigt« klassifiziert. So habe ich einen gefunden, der vom 30. Dezember 1998 stammt. Er befindet sich mitten in einer langen Liste von Fehlern, eingeklemmt zwischen einem mit dem Titel: »Maus arbeitet sehr seltsam« und einem anderen, der überschrieben ist: »Wechsel des BView frame funktioniert nicht, wenn BView nicht an ein BWindow angehängt«. Er selbst trägt den Titel:

R4: BeOS fehlt eine größenwahnsinnige Galionsfigur, um die Entwicklerwut nutzbar zu machen und zu bündeln.

und geht folgendermaßen weiter:

Be Status: Eingabe bestätigt
BeOS Version: R3.2
Komponente: unbekannt

Vollständige Beschreibung:

BeOS braucht einen wahnsinnigen Egomanen auf seinem Thron, um menschliche Züge zu bekommen, die jeder lieben oder hassen kann. Andernfalls wird BeOS im nicht personifizierbaren Reich der Betriebssysteme schmachten, das die Leute im Grunde nie in den Griff bekommen. Den Erfolg eines Betriebssystems erkennt man nicht an der Qualität seiner Funktionsmerkmale, sondern daran, wie berüchtigt und unbeliebt die führenden Köpfe dahinter sind.

Ich glaube, das ist eine Nebenwirkung der Entwicklerkamaraderie [sic] unter elenden Bedingungen. Elend befindet sich nämlich gerne in Gesellschaft. Ich glaube, wenn man BeOS begrifflich schlechter zugänglich und viel weniger zuverlässig machen würde, müssten die Entwickler sich zusammenschließen und so jene Art von Gemeinschaft entstehen lassen, in der Fremde miteinander ins Gespräch kommen, ungefähr so wie in einem Lebensmittelgeschäft vor einem gewaltigen Schneesturm.
Denkt man in diesem Schema weiter, wird es wahrscheinlich notwendig sein, das BeOS-Hauptquartier in ein wesentlich raueres Klima zu verlagern. Ein allgemeines umgebungsbedingtes Unbehagen wird diese Haltung fördern und ein

besseres Erfolgsrezept gibt es einfach nicht. Ich würde Seattle vorschlagen, fürchte aber, dass es bereits vergeben ist. Sie könnten Washington, DC, versuchen, ganz sicher aber nicht so etwas wie San Diego oder Tucson.

Da das Be-Fehlerberichtssystem die Namen der Leute, die die Fehler melden, entfernt (um sie vor Vergeltung zu schützen!¿), weiß ich leider nicht, wer diese Zeilen geschrieben hat.

Nun mag es so scheinen, als höbe ich die technische und moralische Überlegenheit von Debian Linux geradezu in den Himmel. Doch wie meistens in der Welt der Betriebssysteme ist die Sache etwas komplizierter. Ich habe Windows NT auf einer anderen Maschine in Betrieb und als ich neulich (Januar 1999) ein Problem damit hatte, beschloss ich, es noch einmal mit dem Microsoft Support zu versuchen. Diesmal funktionierte die Suchmaschine sogar (wobei ich mich jedoch, um Zugang zu ihr zu erhalten, als »fortgeschritten« ausweisen musste). Und statt ein paar nutzlose FAQs auszuspucken, verwies sie auf ungefähr zweihundert Dokumente (ich benutzte sehr vage Suchkriterien), die offensichtlich Fehlerberichte waren – obwohl sie anders genannt wurden. Microsoft hat, mit anderen Worten, ein System lauffähig gemacht, das von seiner Funktion her der Debian-Fehlerdatenbank entspricht. Natürlich sieht es anders aus und fühlt sich anders an und ich habe lange gebraucht, es zu finden, aber technisch gesehen bringt es die Sache auf den Punkt und macht keinen Hehl daraus, dass es Fehler gibt.

Wie schon gesagt, ist der Verkauf von Betriebssystemen gegen Geld eine praktisch unhaltbare Position, und Apple und Microsoft können damit nur durchkommen, indem sie technologische Fortschritte möglichst aggressiv lancieren und die Leute dazu bringen, an ein bestimmtes Image zu glauben und dafür zu zahlen: bei Apple das des kreativen Freidenkers und bei Microsoft das des angesehenen Techno-Bourgeois. Genau wie Disney verdienen sie Geld mit dem Verkauf einer Oberfläche, eines Zauberspiegels. Er muss poliert und makellos sein, sonst ist die ganze Illusion zerstört und der Unternehmensplan löst sich auf wie eine Fata Morgana.

Außerdem war es anscheinend bis vor kurzem so, dass den Leuten, die Handbücher schrieben und Internet-Kunden-Support-Seiten für kommerzielle Betriebssysteme erstellten, von den Rechts- und PR-Abteilungen ihrer Arbeitgeber untersagt worden war, auch nur indirekt zuzugeben, dass die Software Fehler enthalten oder die Oberfläche an dem Problem der blinkenden Zwölf kranken könnte. Die wirklichen Probleme der Benutzer durften sie gar nicht ansprechen. Deshalb waren die Handbücher und Websites nutzlos und brachten sogar technisch versierte Anwender dazu, sich zu fragen, ob sie wohl langsam verrückt würden.

Wenn Apple sich auf diese Art von Firmenverhalten

einlässt, möchte man glauben, dass das Unternehmen wirklich versucht, sein Bestes zu geben. Wir alle wollen es zu Apples Gunsten auslegen, weil der fiese alte Bill Gates ihnen ganz schön die Hucke vollgehauen hat und weil sie eine gute PR haben. Wenn dagegen Microsoft es macht, muss man fast zum paranoiden Verschwörungstheoretiker werden. Offensichtlich verbergen sie etwas vor uns! Sie versuchen uns wahnsinnig zu machen!

Diese Methode, mit den eigenen Kunden umzugehen, entstammt unmittelbar dem mitteleuropäischen Totalitarismus, wie er Mitte des 20. Jahrhunderts herrschte. Die Adjektive »kafkaesk« und »orwellsch« fallen einem dazu ein. Sie konnte sich nicht halten, ebenso wenig wie die Berliner Mauer, und so hat Microsoft jetzt eine allgemein zugängliche Fehlerdatenbank. Sie heißt anders und es dauert eine Weile, bis man sie gefunden hat, aber sie ist da.

Microsoft hat sich also, mit anderen Worten, an die zweischichtige Eloi/Morlock-Struktur der technologischen Gesellschaft angepasst. Als Eloi installiert man Windows, befolgt die Anweisungen, hofft das Beste und leidet still vor sich hin, wenn es zusammenbricht. Als Morlock geht man zu der Website, sagt ihr, dass man »fortgeschritten« ist, findet die Fehlerdatenbank und erfährt die Wahrheit direkt von einem anonymen Microsoft-Ingenieur.

Nachdem Microsoft diesen Schritt aber einmal unternommen hat, stellt sich wiederum die Frage, ob es überhaupt sinnvoll ist, im Betriebssystemgeschäft zu sein. Kunden sind vielleicht noch willig, 95 Dollar zu zahlen, um Microsoft ein Problem zu unterbreiten, wenn sie im Gegenzug einen Rat bekommen, den kein anderer Anwender bekommt. Das hat die nützliche Nebenwirkung, dass die Anwender einander fremd bleiben, was der Aufrechterhaltung der Illusion dient, Fehler seien seltene Abirrungen. Sind die Ergebnisse dieser Fehlerberichte aber erst einmal über Internet frei zugänglich, sieht alles anders aus. Niemand wird 95 Dollar hinblättern, wenn die Chancen gut stehen, dass irgendein anderer Trottel es zuerst tut und die Anweisungen zur Behebung des Fehlers dann kostenlos auf einer Internetseite auftauchen. Und da die Fehlerdatenbank wächst, wird sie am Ende zum offenen Eingeständnis von Microsoft, dass sein Betriebssystem genauso viele Programmfehler aufweist wie die seiner Konkurrenten. Das ist an sich keine Schande; aber es stellt Microsoft auf eine Stufe mit den anderen und macht es seinen Kunden, die gerne glauben möchten, wesentlich schwerer, zu glauben.

MEMENTO MORI

Nachdem die Linux-Maschine ihr in Fachchinesisch gehaltenes Eröffnungstelegramm fertig ausgespuckt hat, fordert sie mich auf, mich mit Benutzername und Passwort einzuloggen. An dieser Stelle arbeitet die Maschine immer noch mit der befehlsorientierten Benutzeroberfläche, weiße Buchstaben auf schwarzem Grund. Fenster, Menüs oder Schaltflächen gibt es nicht. Die Maschine reagiert nicht auf die Maus, ja, sie weiß überhaupt nicht, dass die Maus existiert. An diesem Punkt kann man immer noch eine Menge Software laufen lassen. Emacs zum Beispiel gibt es sowohl als CLI wie auch als GUI-Version (es gibt sogar zwei GUI-Versionen, worin eine Art doktrinäre Spaltung zwischen Richard Stallman und ein paar anderen Hackern zum Ausdruck kommt). Dasselbe gilt für viele andere Unix-Programme. Viele haben überhaupt keine GUI und andere haben zwar eine, können aber auch über die CLI laufen.

Da mein Computer nur einen einzigen Monitor hat, kann ich natürlich nur eine Befehlszeile sehen, was den Gedanken nahe legt, ich könnte immer nur mit einem Programm gleichzeitig kommunizieren. Wenn ich aber die Alt-Taste gedrückt halte und dann die F2-Taste oben auf meiner Tastatur betätige, erscheint ein völlig leerer schwarzer Bildschirm mit einer Login-Eingabeaufforderung am oberen Rand. Hier kann ich mich einloggen und irgendein anderes Programm starten, dann Alt-F1 drücken und wieder zum ersten Bildschirm zurückgehen, auf dem immer noch dasselbe passiert, was passierte, als ich ihn verließ. Oder ich kann Alt-F3 drücken und mich in einen dritten oder vierten oder fünften Bildschirm einloggen. Auf einem dieser Bildschirme bin ich vielleicht als ich selbst angemeldet, auf einem anderen als Root (der Systemverwalter) und auf einem dritten vielleicht über Internet bei einem anderen Computer.

Jeder dieser Bildschirme heißt in Unix-Sprache tty, das ist eine Abkürzung für »teletype« (Fernschreiber). Deshalb fühle ich mich, wenn ich mein Linux-System auf diese Weise benutze, in den kleinen Raum in der Ames High School versetzt, wo ich vor fünfundzwanzig Jahren meinen ersten Code schrieb, nur ist ein tty ruhiger und schneller als ein Fernschreiber und auf ihm läuft weitaus höher entwickelte Software wie z.B. emacs oder die GNU-Entwicklungswerkzeuge.

Es ist (nach Unix-, nicht nach Apple/Microsoftstandards) einfach, eine Linux-Maschine so zu konfigurieren, dass sie beim Hochfahren direkt in eine GUI geht. Auf diese Weise bekommt man nie einen tty-Bildschirm zu Gesicht. Ich lasse meine immer noch in den Fernschreiber-Bildschirm mit weißer Schrift auf schwarzem Grund hochfahren, gewissermaßen als Memento Mori auf dem

Computer. Früher war es unter Schriftstellern einmal Mode, auf ihrem Schreibtisch einen menschlichen Schädel liegen zu haben, der sie an ihre eigene Sterblichkeit und die Nichtigkeit der Welt erinnerte. Der tty-Bildschirm erinnert mich daran, dass für glatte Benutzeroberflächen genau dasselbe gilt.

Das XWindows-System, die GUI von Unix, muss in der Lage sein, auf Hunderten verschiedener Grafikkarten mit unterschiedlichen Chip-Gruppen, integrierten Speicherkapazitäten und Hauptplatinen-Bussen zu laufen. Zudem gibt es auf dem Neu- und Gebrauchtmarkt Hunderte verschiedener Monitortypen, jeder mit anderen Spezifikationen, so dass vermutlich Abermillionen unterschiedlicher möglicher Kombinationen von Karte und Monitor existieren. Als Einziges haben sie alle gemeinsam, dass sie im VGA-Modus laufen, das ist der alte Befehlszeilenbildschirm, den man ein paar Sekunden lang sieht, wenn man Windows hochfährt. Linux startet also immer in VGA mit einer Fernschreiberschnittstelle, denn am Anfang hat es noch keine Ahnung, welche Art von Hardware an den Computer angeschlossen ist. Um nun über das Bildschirm-Terminal hinaus und in die GUI hineinzukommen, muss man Linux genau sagen, welche Art von Hardware man hat. Wenn man sich vertut, bekommt man bestenfalls einen leeren Bildschirm und schlimmstenfalls zerstört man sogar seinen Monitor, indem man ihn mit Signalen füttert, mit denen er nicht umgehen kann.

Als ich anfing, Linux zu benutzen, musste man das von Hand tun. Einmal habe ich fast einen Monat mit dem Versuch zugebracht, einen verrückten Monitor in Gang zu bringen, und fast ein ganzes Schreibheft mit immer verzweifelteren Notizen vollgekritzelt. Heute bekommt man die meisten Linux-Distributionen mit einem Programm, das automatisch die Grafikkarte scannt und selbst das System konfiguriert, so dass es fast genauso einfach ist, XWindows zum Laufen zu bringen wie eine Apple/Microsoft-GUI zu installieren. Die entscheidenden Informationen gehen in eine Datei (eine ASCII-Textdatei natürlich) namens XF86Config, die man sich auf jeden Fall anschauen sollte, auch wenn man eine Distribution hat, die sie automatisch erstellt. Für die meisten Leute wirkt sie wie eine Ansammlung sinnloser kryptischer Zauberformeln, und gerade deshalb sollte man sie sich genauer ansehen. Ein Apple/Microsoft-System braucht zum Starten seiner GUI dieselbe Information, die jedoch oft irgendwo gut versteckt ist, wahrscheinlich in einer Datei, die von einem Textbearbeitungsprogramm gar nicht geöffnet und gelesen werden kann. Sämtliche wichtigen Dateien, die Linux-Systeme zum Funktionieren brauchen, liegen offen zutage. Es sind alles ASCII-Textdateien, sodass man, um sie zu lesen, keine besonderen Werkzeuge braucht. Man kann sie jederzeit anschauen, was gut ist, aber man kann sie auch durcheinanderbringen und sein System völlig unbrauchbar machen, was nicht so gut ist.

Nehmen wir also an, meine XF86Config-Datei ist in Ordnung und ich gebe den Befehl »startx« ein, um das XWindows-System zu starten. Der Bildschirm schaltet sich für einen Moment aus, der Monitor macht seltsame ruckende Geräusche und rekonstituiert sich dann als leerer grauer Desktop mit einem Maus-Cursor in der Mitte. Gleichzeitig fährt er einen Fenstermanager hoch. XWindows ist eine ziemlich begrenzte Software; es liefert die Infrastruktur für eine GUI und besitzt selbst eine schwere industrielle Infrastruktur. Fenster unterstützt es jedoch nicht. Das wird von einer anderen Kategorie von Anwendungsprogramm geregelt, die auf XWindows drauf sitzt, nämlich einem Fenstermanager. Davon sind verschiedene erhältlich, natürlich kostenlos. Die klassische Version ist twm (Tom's Window Manager), es gibt aber noch eine kleinere und, wie es heißt, effizientere Variante davon namens fvwm, die ich selbst benutze. Ich liebäugele mit einem vollkommen anderen Fenstermanager namens Enlightenment, der womöglich das schärfste eigenständige Technologieprodukt ist, das ich je gesehen habe, denn es ist (a) für Linux, (b) ist es Freeware, (c) wurde es von einer sehr kleinen Gruppe besessener Hacker entwickelt und (d) sieht es verblüffend cool aus; es ist genau die Art von Fenstermanager, die im Hintergrund eines *Alien*-Films als Requisit auftauchen könnte.

Jedenfalls dient der Fenstermanager als Mittler zwischen XWindows und jeder beliebigen anderen Software. Er setzt die Fensterrahmen, Menüs und so weiter, während die Anwendungsprogramme selbst den jeweiligen Inhalt in die Fenster einfügen. Die Anwendungsprogramme können unterschiedlichster Natur sein: Textbearbeitungsprogramme, Web-Browser, Grafik-Softwarepakete oder Dienstprogramme wie etwa eine Uhr oder ein Rechner. Mit anderen Worten, von jetzt an kommt man sich vor, als wäre man in ein Paralleluniversum geschaltet worden, das dem vertrauten Apple- oder Microsoftuniversum ziemlich ähnlich, aber doch durchgehend etwas anders ist. Das führende Grafikprogramm unter Apple/Microsoft ist Adobe Photoshop, unter Linux dagegen ist es etwas mit Namen GIMP. Statt Microsoft Office Suite kann man ein gewisses ApplixWare kaufen. Viele kommerzielle Softwarepakete wie Mathematica, Netscape Communicator und Adobe Acrobat sind in Linux-Versionen erhältlich und je nachdem wie man seinen Fenstermanager installiert, kann man sie genauso aussehen und funktionieren lassen, wie sie es unter MacOS oder Windows tun würden.

Auf der grafischen Benutzeroberfläche von Linux sieht man jedoch eine Art von Fenster, die es unter anderen Betriebssystemen selten oder gar nicht gibt. Diese Fenster heißen »xterm« und enthalten nichts als Textzeilen – diesmal schwarzen Text auf weißem Hintergrund, wobei man ihnen, wenn man will, auch andere Farben geben kann. Jedes xterm-Fenster ist eine separate Benutzeroberfläche – ein tty in einem Fenster. Das heißt, sogar wenn man in vollem GUI-Modus ist, kann man immer noch über eine befehlsorientierte Benutzeroberfläche mit der Linux-Maschine sprechen.

Es gibt gute Unix-Software ohne grafische Benutzeroberflächen. Das könnte daran liegen, dass sie entwickelt wurde, bevor XWindows erhältlich war, oder weil die Leute, die sie geschrieben haben, sich nicht die ganze Mühe machen wollten, eine GUI zu erstellen, oder weil sie einfach keine brauchen. Jedenfalls können diese Programme aufgerufen werden, indem man ihre Namen in die Befehlszeile eines xterm-Fensters tippt. Der oben erwähnte »Whoami«-Befehl ist ein gutes Beispiel. Es gibt noch einen anderen, der wc (»word count«) heißt und einfach die Anzahl der Zeilen, Wörter und Zeichen in einer Textdatei angibt.

Mit der Fähigkeit, solche kleinen Dienstprogramme auf der Befehlszeile laufen zu lassen, hat Unix einen großen Vorteil, den reine GUI-Betriebssysteme kaum übertreffen können. Der Wortzählbefehl zum Beispiel ist so etwas, was mit einer Befehlszeilenoberfläche leicht zu schreiben ist. Vermutlich besteht er nur aus ein paar Zeilen Code und ein gewiefter Programmierer könnte ihn wahrscheinlich in einer einzigen Zeile unterbringen. In kompilierter Form nimmt er nur ein paar Byte Speicherplatz ein. Dagegen würde der Code, der notwendig wäre, um demselben Programm eine grafische Benutzeroberfläche zu geben, vermutlich über Hunderte oder sogar Tausende von Zeilen laufen, je nachdem, wie ausgefallen der Programmierer sie gestalten wollte. Zu einer lauffähigen Software kompiliert, ergäbe sich ein großer Überhang an GUI-Code. Das Programm würde langsam starten und viel Speicherplatz erfordern. Das wäre einfach nicht der Mühe wert und deshalb würde wc nie als unabhängiges Programm geschrieben. Stattdessen müssten die Benutzer warten, bis eine Wortzählfunktion im Rahmen eines kommerziellen Softwarepakets auf den Markt käme.

GUIs haben die Tendenz, jedes einzelne Stück Software, und sei es noch so klein, mit einem großen Überhang zu versehen, und dieser Überhang verändert die Programmierumgebung vollkommen. Kleine Dienstprogramme lohnen das Schreiben nicht mehr. Ihre Funktionen gehen stattdessen mehr und mehr in Omnibus-Softwarepaketen auf. Je komplexer GUIs werden und je größer der Überhang, umso mehr verbreitet sich diese Tendenz und umso gewaltiger werden die Softwarepakete. Ab einem bestimmtem Punkt fangen sie an, miteinander zu verschmelzen, so wie Microsoft Word und Excel und Power-Point zu Microsoft Office verschmolzen sind: ein fantastisches Software-Einkaufszentrum am Rand einer Stadt, in der sämtliche kleinen Lädchen geschlossen sind.

Das ist ein unfairer Vergleich, denn wenn ein solches Lädchen zumacht, heißt das, ein kleiner Ladenbesitzer hat sein Geschäft aufgegeben. Natürlich geschieht so etwas nicht, wenn wc unter einem der zahllosen Menüeinträge von Microsoft Word subsumiert wird. Die einzige echte Beeinträchtigung für den Anwender ist ein

Verlust an Flexibilität, der aber von den meisten Kunden offensichtlich nicht zur Kenntnis genommen wird oder ihnen gleichgültig ist. Der schwerwiegendste Nachteil der Lösung mit dem Einkaufszentrum besteht darin, dass die meisten Anwender nur einen geringen Bruchteil dessen, was in diesen Riesensoftwarepaketen zusammengeschnürt ist, wollen oder brauchen. Der Rest ist Krimskrams, unnötiger Ballast. Allerdings hat der Benutzer nebenan vielleicht eine völlig andere Auffassung davon, was sinnvoll ist und was nicht.

Als ein weiterer wichtiger Punkt ist hier noch zu erwähnen, dass Microsoft ein wirklich tolles Element in sein Office-Paket eingebaut hat: ein Visual Basic Programmierpaket. Basic ist die erste Programmiersprache, die ich damals, als ich mit Lochstreifen und Fernschreiber arbeitete, gelernt habe. Mithilfe von Visual Basic – einer modernisierten Version der Sprache, die in Office enthalten ist – kann man seine eigenen kleinen Dienstprogramme schreiben, die dann wissen, wie man mit all den Kinkerlitzchen, Funkelsteinchen, Glöckchen und Pfeifen in Office umgeht. Basic ist einfacher zu benutzen als die Sprachen, die normalerweise beim Programmieren von Unix-Befehlszeilen verwendet werden, und Office hat viel, viel mehr Leute erreicht als die GNU-Werkzeuge. Deshalb ist es durchaus möglich, dass dieses Funktionsmerkmal von Office letzten Endes zu mehr Hacken führen wird als GNU.

Jetzt rede ich aber über Anwendungssoftware und

nicht über Betriebssysteme. Und wie schon gesagt, die Anwendungssoftware von Microsoft ist in der Regel sehr gut. Ich benutze sie eher selten, da ich absolut nicht zu ihrer Zielgruppe gehöre. Wenn Microsoft aber je ein Softwarepaket macht, das ich benutze und gut finde, wird es wirklich Zeit, dass sie ihren Bestand zu Dumpingpreisen verkaufen, weil ich ein Marktsegment bin, das aus einer Person besteht.

DER MORLOCK WIRD MÜDE

Im Laufe der Jahre, die ich nun mit Linux arbeite, habe ich dreieinhalb Notizbücher mit meinen Erfahrungen gefüllt. Ich fange erst an, Dinge aufzuschreiben, wenn ich etwas Kompliziertes mache, zum Beispiel XWindows installieren oder an meiner Internetverbindung herumbasteln, so dass diese Notizbücher nur das Protokoll meiner Kämpfe und Frustrationen enthalten. Wenn alles glatt läuft, arbeite ich monatelang fröhlich vor mich hin, ohne auch nur eine einzige Bemerkung einzutragen. Diese Notizbücher bieten also eine ziemlich trostlose Lektüre. Unter Linux bedeutet jede Veränderung, dass man verschiedene dieser kleinen ASCII-Textdateien öffnen und hier ein Wort und dort ein Zeichen ändern muss, und zwar auf eine Weise, die in ganz engem Zusammenhang mit der Funktionsweise des Systems steht.

Viele der Dateien, die die Arbeitsweise von Linux steuern, sind nichts anderes als Befehlszeilen, die so lang und kompliziert geworden sind, dass nicht einmal Linux-Hacker sie korrekt tippen konnten. Wenn man mit etwas so Leistungsfähigem wie Linux arbeitet, kann man ohne weiteres eine halbe Stunde darauf verwenden, eine einzige Befehlszeile zu bauen. Der »such«-Befehl zum

Beispiel, der das Dateisystem anhand bestimmter Kriterien nach Dateien durchsucht, ist unwahrscheinlich leistungsstark und allgemein gehalten. Sein »man« ist elf Seiten lang, und diese Seiten haben es in sich; man könnte sie mit Leichtigkeit zu einem ganzen Buch ausdehnen. Und wenn das für sich genommen noch nicht kompliziert genug ist, kann man immer noch die Ausgabedaten eines Unix-Befehls über eine Pipeline zu den Eingabedaten eines anderen, ebenso komplizierten machen. Der »pon«-Befehl, mit dem man eine PPP-Verbindung zum Internet herstellt, erfordert so viel detaillierte Information, dass es im Grunde unmöglich ist, ihn vollständig von der Befehlszeile aus zu starten. Stattdessen lagert man große Teile seiner Eingabedaten in drei oder vier verschiedene Dateien aus. Er braucht ein Einwahlskript, also ein kleines Programm, das ihm sagt, wie man die Telefonverbindung anwählt und auf verschiedene Möglichkeiten reagiert; eine Optionsdatei mit ungefähr sechzig verschiedenen Optionen hinsichtlich der Art, wie die PPP-Verbindung hergestellt werden soll; und eine »Secrets«-Datei mit Angaben zum Passwort.

Vermutlich gibt es irgendwo auf der Welt gottähnliche Hacker, die diese kleinen Skripte und Optionsdateien nicht als Krücken brauchen und die einfach fantastisch komplexe Befehlszeilen herunterhämmern können, ohne Tippfehler zu machen und ohne stundenlang irgendwelche Dokumentationen durchblättern zu müssen. Ich gehöre nicht dazu. Wie fast alle Linux-Anwender bin ich darauf angewiesen, dass all diese Details in Tausenden kleiner ASCII-Textdateien verborgen sind, die ihrerseits in den tiefsten Tiefen des Unix-Dateisystems stecken. Wenn ich irgendetwas an der Art, wie mein System funktioniert, ändern will, editiere ich diese Dateien. Ich weiß, wenn ich nicht jeden kleinen Schritt, den ich unternehme, festhalte, kann ich das System nicht wieder funktionsfähig machen, nachdem ich einmal alles durcheinander gebracht habe. Handschriftlich Buch zu führen ist ermüdend, um nicht zu sagen ziemlich anachronistisch. Aber es ist notwendig.

Ich hätte mir wahrscheinlich eine Menge Kopfschmerzen ersparen können, wäre ich mit einer Firma namens Cygnus Support ins Geschäft gekommen, die sich zur Aufgabe gemacht hat, Anwendern freier Software Unterstützung zukommen zu lassen. Das habe ich jedoch nicht getan, denn ich wollte sehen, ob ich auch allein zurechtkäme. Die Antwort war letztlich ja, aber nur gerade so. Es gibt wahrscheinlich viele kleine Änderungen und Optimierungen, die ich an meinem System vornehmen könnte, aber nie in Angriff genommen habe, teils weil ich es manchmal leid bin, ein Morlock zu sein, und teils, weil ich Angst habe, mir ein System zu versauen, das im Großen und Ganzen gut funktioniert.

Für mich und viele andere Benutzer funktioniert Linux, aber seine schiere Kraft und allgemeine Anwendbarkeit ist auch seine Achillesferse. Wenn man weiß, was man tut, kann man in irgendeinem Computerladen einen billigen PC kaufen, die mitgelieferten Windowsdisketten wegwerfen und ihn in ein Linux-System von irrsinniger Komplexität und Leistungsfähigkeit verwandeln. Man kann ihn so konfigurieren, dass hundert verschiedene Leute über Internet via ebenso viele Modemverbindungen, Ethernetkarten, TCP/IP-Sockel und Paket-Funkübertragungsverbindungen bei ihm angemeldet sind. Man kann ein halbes Dutzend verschiedene Monitore anhängen und mit jemandem in Australien Doom spielen, während man Nachrichtensatelliten in der Umlaufbahn verfolgt, das Licht und die Heizungsthermostate zu Hause regelt, in kontinuierlichem Strom Live-Videos aus der eigenen Webcam überträgt, im Internet surft und auf den anderen Bildschirmen Leiterplatten entwirft. Doch die reine Kraft und Komplexität des Systems – gerade die Eigenschaften, die seine außerordentliche technische Überlegenheit gegenüber anderen Betriebssystemen ausmachen – lassen es manchmal für den alltäglichen Routinebetrieb zu bombastisch erscheinen.

Anders formuliert, manchmal würde ich einfach gerne nach Disneyland gehen.

Mein ideales Betriebssystem hätte eine gut gestaltete GUI und wäre leicht zu installieren und zu benutzen, enthielte aber auch Bildschirmfenster, in denen ich auf die Befehlszeilenoberfläche zurückgreifen und in bestimmten Fällen GNU-Software laufen lassen könnte. Genau dieses Betriebssystem hat Be Inc. vor ein paar Jahren erfunden. Es heißt BeOS.

ETRE

Viele Leute in der Computerbranche hatten ziemliche Schwierigkeiten, sich mit Be, Incorporated anzufreunden, aus dem einfachen Grund, dass aber auch gar nichts daran in irgendeiner Weise sinnvoll zu sein scheint. Es kam Ende 1990 heraus, etwa zur selben Zeit wie Linux. Von Anfang an ging es darum, ein neues Betriebssystem zu schaffen, das absichtlich mit keinem anderen kompatibel sein sollte (obwohl es, wie wir sehen werden, in manch sehr wichtiger Hinsicht mit Unix kompatibel ist). Wenn eine Definition von »Berühmtheit« jemand ist, der dafür berühmt ist, berühmt zu sein, dann ist Be eine Antiberühmtheit. Es ist berühmt dafür, nicht berühmt zu sein; es ist berühmt dafür, dem Untergang geweiht zu sein. Aber es ist nun schon eine verdammt lange Zeit dem Untergang geweiht.

Die Mission von Be erscheint Hackern vielleicht plausibler als anderen Leuten. Um zu erklären, warum, muss ich zunächst den Begriff »cruft« erläutern, der ein für Code-Schreiber fast ebenso schreckliches Phänomen bezeichnet wie unnötige Wiederholungen.

Wer schon einmal in San Francisco war, hat vielleicht ältere Gebäude gesehen, die man »seismisch nachgerüstet« hat, was oft bedeutet, dass groteske Überbauten in Form moderner Stahlkonstruktionen um, sagen wir, eher im klassischen Stil errichtete Gebäude hochgezogen wurden. Wenn neue Gefahren drohen – eine Eiszeit zum Beispiel –, werden um diese herum womöglich weitere Schichten noch raffinierterer Hightech-Gebilde konstruiert, bis einem das ursprüngliche Gebäude wie eine heilige Reliquie in einer Kathedrale vorkommt – ein Stück vergilbter Knochen, aufgebahrt unter Tonnen von schützendem neumodischem Kram.

Ähnliche Maßnahmen kann man treffen, um quietschende alte Betriebssysteme am Laufen zu halten. Das passiert andauernd. Ein uraltes Betriebssystem wegzuwerfen, sollte eigentlich dadurch erleichtert werden, dass Betriebssysteme im Gegensatz zu alten Gebäuden keine ästhetische oder kulturelle Bedeutung haben, die sie an sich erhaltenswert macht. In der Praxis sieht es jedoch anders aus. Wenn man am Computer arbeitet, hat man sich in der Regel an die Umgebung gewöhnt, in der man sich tagtäglich zum Arbeiten niederlässt, eine Menge Geld für Software ausgegeben, die in dieser Umgebung funktioniert, und viel Zeit darauf verwendet, sich damit vertraut zu machen, wie das alles funktioniert. Das erfordert eine Menge Zeit und Zeit ist Geld. Wie schon erwähnt ist das Bestreben, sich das Interagieren mit komplexen Technologien durch die Benutzeroberfläche vereinfachen zu lassen und sich mit virtuellen Schmuckstücken und Gartendekorationen zu umgeben, natürlich und weitverbreitet – vermutlich eine Reaktion auf die Komplexität und ungeheure Abstraktion der Computerwelt. Computer geben uns mehr Auswahl, als wir tatsächlich haben wollen. Wir treffen eine solche Auswahl lieber nur einmal oder nehmen die Mängel hin, die Softwarefirmen uns mitgeben und wecken lieber keine schlafenden Hunde. Wenn nämlich ein Betriebssystem ausgewechselt wird, springen alle Hunde auf und fangen an zu bellen.

Der durchschnittliche Computerbenutzer ist ein technologischer Antiquitätensammler, der eigentlich nicht möchte, dass sich etwas ändert. Er ist wie ein Yuppie, der gerade ein reizendes, schon älteres Haus gekauft hat und jetzt die Möbel und Nippsachen umherschiebt und die Küchenschränke neu einräumt, damit alles seine Richtigkeit hat. Falls es nötig ist, dass ein Trupp Ingenieure im Keller herumwuselt, das Fundament stützt, damit es die neue gusseiserne Badewanne mit Füßchen trägt, und neue Drähte und Leitungen durch die Wände legt, um moderne Geräte zu versorgen, gut, sollen sie es machen – Ingenieure sind billig, jedenfalls wenn Millionen von Betriebssystemanwendern sich die Kosten für ihre Dienste teilen.

Desgleichen wollen Computerbenutzer den neuesten Pentium in ihren Maschinen haben und im Internet surfen können, ohne all das durcheinander zu bringen, was ihnen das Gefühl verleiht, sie wüssten, was da passiert. Manchmal ist das sogar möglich. Dem System mehr

Speicherkapazität zu geben, ist ein gutes Beispiel für ein Upgrade, das mit einiger Sicherheit nichts vermasseln wird.

Leider sind aber nur sehr wenige Upgrades so sauber und einfach. Lawrence Lessig, der ehemalige Special Master im Kartellrechtsverfahren des Justizministeriums gegen Microsoft, klagte, er habe den Microsoft Internet Explorer auf seinem Computer installiert und dabei sämtliche Bookmarks verloren – seine Liste persönlicher Wegweiser, anhand derer er sich seinen Weg durch das Labyrinth des Internets suchte. Es war, als hätte er einen Satz neuer Reifen für sein Auto gekauft und, kaum dass er die Werkstatt verlassen hatte, festgestellt, dass aufgrund eines unerklärlichen Nebeneffekts sämtliche Schilder und Straßenkarten der Welt zerstört worden waren. Wenn er so ist wie die meisten von uns, hatte er eine Menge Arbeit in die Zusammenstellung dieser Liste von Bookmarks gesteckt. Dies ist nur eine kleine Kostprobe der Art von Problemen, die durch Upgrades verursacht werden können. Der eigentlich negative Wert beschissener alter Betriebssysteme liegt darin, dass ein Wechsel zu neuen den Wunsch in uns wachruft, wir wären nie geboren.

Das viele Reparieren und Flicken, das Ingenieure vornehmen müssen, um uns die Vorteile neuer Technologie nahe zu bringen, ohne dass wir gezwungen sind, darüber nachzudenken oder unsere Gewohnheiten zu ändern, produziert eine Menge Code, der sich mit der Zeit als Klumpen aus Kaugummi, Spachtelmasse, Verpackungsdraht und Isolierband um jedes Betriebssystem herum legt. Im Hackerslang heißt das »cruft«. Ein Betriebssystem, das unzählige Schichten davon hat, gilt als »crufty«, also unsinnig, redundant. Hacker hassen es, Dinge zwei Mal zu tun, aber wenn sie so etwas sehen, ist ihr erster Impuls, es herauszureißen, wegzuwerfen und ganz neu anzufangen.

Würde Mark Twain heute nach San Francisco zurückgebracht und in einem dieser alten, seismisch nachgerüsteten Gebäude abgesetzt, erschiene ihm alles wie früher, mit sämtlichen Türen und Fenstern am selben Platz – träte er aber hinaus, würde er es nicht wiedererkennen. Und er würde – wenn man ihn bei klarem Verstand zurückgebracht hätte – womöglich fragen, ob das Gebäude den Aufwand zu seiner Rettung überhaupt wert gewesen sei. Irgendwann muss man die Frage stellen: Ist es das wirklich wert oder sollten wir es vielleicht einfach abreißen und ein solides hochziehen? Sollten wir noch eine weitere menschliche Welle von Konstrukteuren über den Schiefen Turm von Pisa schwappen oder das Ding vielleicht einfach umfallen lassen und einen Turm bauen, der nicht schief ist?

Wie eine Verbesserungsmaßnahme an einem alten Gebäude, so erscheint einem auch diese Redundanz bei den ersten Schichten immer noch sinnvoll – einfach eine routinemäßige Wartung, vernünftiges, vorsichtiges Management. Das gilt vor allem, wenn man (sozusagen) nie in den Keller oder hinter die Trockenmauer schaut. Ist man aber ein Hacker, der das Ganze ständig von dieser Seite sieht, ist dieses Drumherum abscheulich und man würde sich am liebsten mit dem Brecheisen daran machen. Oder noch besser, einfach aus dem Gebäude hinausspazieren, den Schiefen Turm von Pisa umfallen lassen und einen neuen bauen, der *nicht schief* ist.

Lange Zeit war es für Apple, Microsoft und deren Kunden klar, dass die erste Generation von GUI-Betriebssystemen dem Untergang geweiht war und dass man sie am Ende wegwerfen und durch vollkommen neue würde ersetzen müssen. In den späten Achtzigern und frühen Neunzigern machte Apple ein paar vergebliche Versuche, von Grund auf neue post-MacOSe wie Pink und Taligent zu entwickeln. Als diese Versuche scheiterten, lancierten sie ein neues Projekt namens Copland – das auch daneben ging. 1997 liebäugelten sie mit dem Gedanken, Be zu übernehmen, kauften aber stattdessen Next, dessen Betriebssystem mit Namen NextStep im Grunde eine weitere Variante von Unix darstellt. Während diese Bemühungen immer weitergingen und immer wieder scheiterten, lagerten die Ingenieure von Apple, die zu den besten in der Branche zählten, Schicht um Schicht immer mehr »cruft« an. Mutig versuchten sie, aus dem kleinen Toaster eine internetfähige Maschine für Multitaskingbetrieb zu machen und erledigten diese Aufgabe eine Zeit lang auch bravourös – ungefähr wie ein Filmheld, der einen Dschungelfluss überquert, indem er von Krokodilrücken zu Krokodilrücken springt. Nur gehen einem im richtigen Leben irgendwann die Krokodile aus oder man gerät an ein richtig gewieftes!

Wo wir gerade dabei sind, Microsoft hat dasselbe Problem wesentlich methodischer in Angriff genommen, indem es ein neues Betriebssystem namens Windows NT entwickelte, das eindeutig als unmittelbarer Konkurrent von Unix gedacht ist. NT steht für »New Technology«, neue Technologie, und könnte als ganz bewusste Ablehnung von überflüssigem Code betrachtet werden. Und tatsächlich gilt NT als weitaus weniger redundant als das, wozu das MacOS am Ende geworden ist; irgendwann füllte die Dokumentation, die man brauchte, um auf dem Mac Code zu schreiben, an die vierundzwanzig Hefter. Windows 95 war und Windows 98 ist redundant, weil sie mit älteren Betriebssystemen von Microsoft rückwärtskompatibel sein müssen. Linux geht mit dem »cruft«-Problem genauso um wie die Eskimos laut der Erzählungen, die wir in der Schule hörten, angeblich mit ihren Alten umgingen: Wenn man unbedingt alte Versionen der Linux-Software verwenden will, wird man sich früher oder später auf einer schmelzenden Eisscholle wiederfinden, die durch die Beringstraße treibt. Damit kommen sie durch, weil ein Großteil der Software frei ist, so dass es nichts kostet, die neuesten Versionen herunterzuladen, und weil die meisten Linux-Anwender Morlocks sind.

Der Grundgedanke hinter dem BeOS war der, von Null ausgehend das perfekte Betriebssystem zu entwerfen. Und genau das taten sie. Vom ästhetischen Standpunkt her war das offensichtlich ein guter Gedanke, einem vernünftigen Unternehmensplan entspricht es allerdings nicht. Einige meiner Bekannten im GNU/Linux-Umfeld sind sauer auf die Be-Leute, weil sie sich auf dieses idealistische Abenteuer eingelassen haben, statt ihre großartigen Fähigkeiten für die weitere Verbreitung von Linux einzusetzen.

Tatsächlich erscheint das alles ziemlich sinnlos, solange man außer Acht lässt, dass der Firmengründer Jean-Louis Gassée aus Frankreich kommt – einem Land, das über viele Jahre an einem Hof in St. Germain seine eigene, selbstständige und unabhängige Version der englischen Monarchie, komplett mit Höflingen, Krönungszeremonien, eigener Staatsreligion und Außenpolitik, unterhielt. Derselben lästigen und doch bewundernswerten Halsstarrigkeit, die uns die Jakobiter, die *force de frappe*, den Airbus und die *Arrêt*-Schilder in Quebec beschert hat, verdanken wir nun auch ein wirklich tolles Betriebssystem. Ich furze in eure grobe Richtung, ihr angelsächsischen Schweinehunde!

Ein von Grund auf neues Betriebssystem zu entwickeln, nur weil keins der vorhandenen wirklich perfekt war, beeindruckte mich als ein Akt von so großem Mut, dass ich mich genötigt fühlte, ihn zu unterstützen. Sobald ich konnte, kaufte ich mir eine BeBox. Die BeBox war eine Doppelprozessormaschine, die mit Motorola-Chips lief und eigens für das Be-Betriebssystem gemacht war; kein anderes Betriebssystem lief darauf. Deshalb kaufte ich es auch. Ich spürte, dass ich damit die Brücken hinter mir abbrach. Sein auffälligstes Merkmal waren auf der Vorderseite die zwei Säulen mit LED-Anzeigen, die wie Tachometer auf und ab sausten, um ein Gefühl dafür zu vermitteln, wie intensiv jeder Prozessor arbeitete. Ich fand, dass es cool aussah und rechnete mir im übrigen aus, dass meine BeBox in ein paar Monaten, wenn das Unternehmen zumachte, Sammlerwert haben würde.

Jetzt sind wir ungefähr zwei Jahre weiter und ich tippe das hier auf meiner BeBox. Die LEDs (Das Blinkenlights, wie sie in der Be-Gemeinde heißen) blinken fröhlich neben meinem rechten Ellenbogen, während ich die Tasten drücke. Be, Inc. ist immer noch im Geschäft, obwohl die Herstellung von BeBoxes fast unmittelbar, nachdem ich meine gekauft hatte, eingestellt wurde. Das Unternehmen kam zu dem traurigen, aber wahrscheinlich richtigen Schluss, dass mit Hardware kein Blumentopf zu gewinnen ist, und übertrug BeOS auf Macintoshs und Mac-Klone. Da diese genau die Art von Motorola-Chips benutzten, mit denen auch die BeBox arbeitete, war das weiter kein Problem.

Bald darauf drehte Apple den Mac-Klon-Firmen die Luft ab und stellte sein Hardware-Monopol wieder her. Eine Zeit lang wurden also die einzigen neuen Maschinen, auf denen BeOS lief, von Apple produziert.

Zu dem Zeitpunkt hatte Be wie Spiderman mit seinem Spinnensinn ein scharfes Gespür dafür entwickelt, wann die Firma kurz davor war, wie eine Wanze zerquetscht zu werden. Auch sonst hätte die Vorstellung einer ständigen Abhängigkeit von Apple – so schwach und doch so heimtückisch – jedermann einen Schrecken einjagen müssen. Be wagte sich nun an das Abenteuer, selbst von Krokodilrücken zu Krokodilrücken zu hüpfen und übertrug BeOS auf Intel-Chips – dieselben, die auch in Windows-Maschinen verwendet werden. Und keinen Moment zu früh, denn als Apple seine auf dem Motorola-G3-Chip basierende neue Spitzenhardware herausbrachte, wurden den Be-Entwicklern die technischen Daten vorenthalten, die sie brauchten, um BeOS auf diesen Maschinen laufen zu lassen. Das wäre für Be so tödlich gewesen wie ein Schuss zwischen die Augen, hätte man nicht bereits den Absprung zu Intel geschafft.

Jetzt läuft BeOS also auf einer wirklich kunterbunten Sammlung von Hardware: auf der BeBox, auf alternden Macs und Klonen von Mac-Waisen und dann auf Intel-Maschinen, die eigentlich für Windows gedacht sind. Natürlich sind letztere heutzutage allgegenwärtig und schrecklich billig, so dass man meinen könnte, Be habe endlich keine Sorgen mehr mit der Hardware. Ein paar deutsche Hacker haben sich sogar einen Ersatz für Das Blinkenlights ausgedacht: Es ist ein Leiterplatten-Set, das man in PC-kompatible Geräte, auf denen BeOS läuft, stecken kann, um die auf- und absausenden LED-Lichter zu bekommen, die bei der BeBox so beliebt waren.

Wie alle Computer nach einigen Jahren zeigt meine BeBox bereits Alterserscheinungen und früher oder später werde ich sie vermutlich durch eine Intel-Maschine ersetzen müssen. Aber selbst dann werde ich sie immer noch benutzen können. Denn inzwischen hat irgendjemand, wie könnte es anders sein, Linux auf die BeBox übertragen.

BeOS hat jedenfalls eine ausgesprochen wohldurchdachte GUI, die auf soliden technologischen Rahmenbedingungen fußt. Sie basiert auf durch und durch modernen objektorientierten Softwareprinzipien. BeOS-Software besteht aus quasi-unabhängigen, Objekte genannten Softwareeinheiten, die über die Zusendung von Nachrichten miteinander kommunizieren. Auch das Betriebssystem selbst besteht aus solchen Objekten und dient als eine Art Postamt oder Internet, das die Nachrichten von einem Objekt zum anderen hin und her schickt. Das Betriebssystem ist nebenläufig, was bedeutet, dass es, wie alle anderen modernen Betriebssysteme, gleichzeitig gehen und Kaugummi kauen kann; es bietet Programmierern aber auch viele Möglichkeiten, einzelne Fäden oder unabhängige Teilprozesse zu erzeugen und zu beenden. Es ist auch ein Multiprozessor-Betriebssystem, d.h., es läuft von Natur aus gut auf Computern mit mehr als einer CPU (was auch Linux und Windows NT beherrschen).

Ein wichtiger Verkaufsanreiz speziell für diesen Anwender ist die eingebaute Terminal-Applikation, mit deren Hilfe man Fenster öffnen kann, die den xterm-Fenstern unter Linux entsprechen. Mit anderen Worten, die befehlsorientierte Benutzeroberfläche ist bei Bedarf zugänglich. Und da BeOS sich an einem bestimmten Standard namens POSIX orientiert, kann der größte Teil der GNU-Sofware darüber laufen. Das bedeutet, dass die beachtliche von der GNU-Gemeinde entwickelte Sammlung von Befehlszeilensoftware problemlos in den Bildschirmfenstern des Be-Betriebssystems laufen wird. Das gilt auch für die GNU-Entwicklerwerkzeuge – den Compiler und den Linker. Und es umfasst die ganzen praktischen kleinen Dienstprogramme. Diesen Text schreibe ich mithilfe des modernen, benutzerfreundlichen Textbearbeitungsprogramms Pe, das von einem Holländer namens Maarten Hekkelman geschrieben wurde. Wenn ich wissen will, wie lang mein Essay ist, springe ich zu einem Bildschirmfenster und lasse wc laufen.

Wie aus der oben zitierten Kostprobe eines Fehlerberichts hervorgeht, scheint es Leuten, die bei Be arbeiten, und Entwicklern, die Code für BeOS schreiben, besser zu gehen als ihren Kollegen, die mit anderen Betriebssystemen arbeiten. Sie scheinen auch ganz allgemein ein gemischteres Völkchen zu sein. Vor ein paar Jahren ging ich ins Auditorium einer kleineren Universität, um ein paar Vertreter von Be in einer Präsentationsshow zu sehen. Ich ging hin, weil ich annahm, der Saal würde von der Leere widerhallen, und fand, sie verdienten doch wenigstens einen einzigen Zuhörer. Tatsächlich musste ich am Ende im Gang stehen, denn Hunderte von Studenten drängten sich in dem Raum. Es war wie bei einem Rockkonzert. Einer der beiden Be-Ingenieure auf der Bühne war ein Schwarzer, in der Hightech-Welt leider ein höchst ungewöhnliches Faktum. Der andere hielt ein leidenschaftliches Plädoyer gegen nutzloses Beiwerk, pries BeOS wegen seiner Schnörkellosigkeit und verstieg sich sogar zu der Behauptung, dass es in zehn oder fünfzehn Jahren, wenn sich um BeOS genauso viel nutzloses Zeug angesammelt hätte wie um das MacOS und Windows 95, Zeit wäre, es einfach wegzuwerfen und ein von Grund auf neues Betriebssystem zu entwickeln. Ich bezweifle, dass es sich hier um eine offizielle Strategie der Firma Be handelt, auf jeden Fall hat es aber alle in dem Hörsaal Anwesenden stark beeindruckt! In den späten Achtzigerjahren war das MacOS eine Zeit lang das Betriebssystem der Coolen – der Künstler und kreativ denkenden Hacker – und BeOS scheint jetzt das Potential zu besitzen, genau diese Leute anzuziehen. Be-Mailinglisten sind voll mit Hackern namens Vladimir, Olaf oder Pierre, die sich in gebrochenem Techno-Englisch gegenseitig flammende Botschaften schicken.

Die einzige echte Frage im Zusammenhang mit dem BeOS ist die, ob es dem Untergang geweiht ist oder nicht.

In letzter Zeit hat Be auf diesen zermürbenden Anwurf mit der Behauptung reagiert, BeOS sei ein »Media-Betriebssystem« für den Gebrauch im Media Content-Bereich und stehe infolgedessen gar nicht in Konkurrenz zu Microsoft Windows. Das ist nicht ganz aufrichtig. Um auf die Analogie mit den Autohändlern zurückzukommen, ist es so, als behauptete der Batmobil-Händler, er konkurriere im Grunde nicht mit den anderen, weil sein Auto drei Mal so schnell sei wie ihre und außerdem fliegen könne.

Be hat ein Büro in Paris und die Gespräche innerhalb der Be-Mailinglisten haben, wie erwähnt, einen stark europäischen Einschlag. Gleichzeitig hat man große Anstrengungen unternommen, um in Japan eine Nische zu finden, und Hitachi hat vor kurzem begonnen, BeOS in das Softwarepaket für seine PCs aufzunehmen. Grob über den Daumen gepeilt würde ich sagen, Be spielt Go und Microsoft spielt Schach. Im Augenblick kommt Be nicht entfernt an die überwältigend starke Position von Microsoft in Nordamerika heran. Stattdessen versucht das Unternehmen, sich sozusagen an den Rändern der Tafel zu etablieren, in Europa und Japan, wo die Leute vielleicht offener für alternative Betriebssysteme oder zumindest Microsoft gegenüber kritischer eingestellt sind als in den Vereinigten Staaten.

Was Be in unserem Land daran hindert, hochzukommen, ist die Tatsache, dass gescheite Leute nicht gerne als Trottel dastehen. Man läuft einfach Gefahr, als naiv zu gelten, wenn man sagt: »Ich habe das BeOS ausprobiert und bin zu folgendem Ergebnis gekommen.« Es macht einen viel schickeren Eindruck, wenn man sagt: »Die Chancen für Be, sich eine neue Nische in dem heiß umkämpften Betriebssystemmarkt zu sichern, gehen gegen Null.«

Das ist, in der Techno-Sprache formuliert, ein Problem des »Mindshare«, der Vorherrschaft in den Köpfen. Und im Betriebssystemgeschäft ist diese Vorherrschaft mehr als nur ein PR-Gag; sie hat direkte Auswirkungen auf die Technologie selbst. Sämtliche peripheren Geräte, die an einen PC angehängt werden können – die Drucker, Scanner, PalmPilot-Schnittstellen und Lego-Mindstorm-Roboter – erfordern eine Software, die man Treiber nennt. Auch Grafikkarten und (in geringerem Umfang) Monitore benötigen Treiber. Sogar die verschiedenen auf dem Markt erhältlichen Arten von Grundplatinen hängen auf unterschiedliche Weise mit dem Betriebssystem zusammen und erfordern jeweils einen separaten Code. Dieser ganze hardwarespezifische Code muss nicht nur geschrieben, sondern auch getestet, von Fehlern befreit, aktualisiert, gepflegt und unterhalten werden. Da der Hardware-Markt so groß und kompliziert geworden ist, wird das Schicksal eines Betriebssystems letztlich nicht durch seine technische Qualität oder seinen Preis, sondern eher durch die Verfügbarkeit von hardwarespezifischem Code bestimmt. Linux-Hacker müssen diesen Code selbst schreiben und haben es erstaunlich gut geschafft, immer auf dem neuesten Stand zu sein. Be, Inc.

muss seine ganzen Treiber selbst schreiben; da BeOS aber langsam in Schwung kommt, haben Entwickler von Drittfirmen angefangen, Treiber beizusteuern, die auf der Be-Website erhältlich sind.

Doch im Augenblick hat Microsoft die Führungsposition inne, denn hier braucht man keine eigenen Treiber schreiben. Jeder Hardware-Hersteller, der heute eine neue Grafikkarte oder irgendein Peripheriegerät auf den Markt bringt, weiß, dass sein Produkt sich nur dann verkaufen wird, wenn es mit dem hardwarespezifischen Code herauskommt, der seinen Betrieb unter Windows ermöglicht; jeder Hardware-Hersteller hat also die Last der Erstellung und Pflege seiner eigenen Treiberbibliothek akzeptiert.

VORHERRSCHAFT IN DEN KÖPFEN

Die Behauptung der US-Regierung, Microsoft halte ein Monopol auf dem Betriebssystemmarkt, ist womöglich die am offenkundigsten absurde Behauptung, die juristisches Denken je in die Welt gesetzt hat. Linux, ein technisch überlegenes Betriebssystem, wird gratis abgegeben und BeOS ist zu einem symbolischen Preis erhältlich. Das ist einfach eine Tatsache, die man hinnehmen muss, ob man Microsoft mag oder nicht. Das Unternehmen ist wirklich groß und reich, und wenn man einigen Zeugen der Regierungsseite Glauben schenken darf, wird dort mit harten Bandagen gekämpft. Ihm aber ein Monopol zu unterstellen, ist schlichtweg unsinnig.

Tatsache ist dagegen, dass Microsoft vorläufig in einem bestimmten Bereich die Vorherrschaft übernommen hat: Das Unternehmen beherrscht den Wettbewerb um die Präsenz in den Köpfen, und daher ist jeder Hard- oder Softwarehersteller, der ernst genommen werden möchte, gezwungen, sein Produkt mit dessen Betriebssystemen kompatibel zu machen. Da Windows-kompatible Treiber bereits von den Hardwareherstellern geschrieben werden, braucht Microsoft sie nicht zu schreiben; letztlich fügen die Hardwarehersteller Windows neue Komponenten hinzu, die es zu einem leistungsfähigeren Betriebssystem machen, ohne Microsoft diesen Service in Rechnung zu stellen. Das ist eine sehr angenehme Position. Der einzige Weg, sich gegen einen solchen Gegner zur Wehr zu setzen, besteht darin, eine Armee äußerst kompetenter Codierer zu haben, die gleichwertige Treiber schreiben und anbieten, wie es bei Linux der Fall ist.

Diese Vorherrschaft in psychologischer Hinsicht ist aber etwas anderes als ein Monopol im herkömmlichen Sinn des Wortes, denn hier hat die Überlegenheit nichts mit technischer Leistungsfähigkeit oder Preis zu tun. Die alten Räuberbarone übten Monopole aus, weil sie die physische Kontrolle über die Produktionsmittel und/oder Vertriebswege innehatten. Im Softwaregeschäft dagegen sind Hacker, die Code schreiben, die Produktionsmittel, und das Internet ist der Vertriebsweg. Und niemand behauptet, Microsoft übe die Kontrolle darüber aus.

Stattdessen geht es hier um die Vorherrschaft in den Köpfen der Leute, die Software kaufen. Microsoft besitzt soviel Macht, weil die Leute glauben, dass es sie besitzt. Diese Macht ist sehr real. Sie bringt viel Geld ein. Nach jüngsten Gerichtsverfahren im Staat Washington wie auch in Washington, D.C. hat man den Eindruck, dass diese Macht und dieses Geld einige höchst sonderbare Manager zu dem Entschluss bewogen haben, für Microsoft zu arbeiten, und dass Bill Gates manche von ihnen einem Speicheltest hätte unterziehen sollen, bevor er ihnen ihren Microsoft-Ausweis aushändigte.

Das ist aber nicht die Art von Macht, die zu irgendeiner gängigen Definition des Wortes »Monopol« passt, und auf juristischem Weg ist ihr nicht beizukommen. Die Gerichte können anordnen, dass Microsoft Dinge anders machen muss. Sie können sogar das Unternehmen aufteilen. Woran sie aber wirklich nichts ändern können, ist ein »Mindshare«-Monopol, es sei denn, sie unterzögen jeden Mann, jede Frau und jedes Kind in der westlichen Welt einer langwierigen Gehirnwäsche.

Die Vorherrschaft in den Köpfen ist, mit anderen Worten, eine wirklich merkwürdige Erscheinung, etwas, was die Väter unserer Kartellgesetze sich unmöglich haben vorstellen können. Sie wirkt wie eins dieser modernen, verrückten Phänomene aus der Chaostheorie, eine komplexe Struktur, in der eine Vielzahl unabhängiger, aber miteinander verbundener Einheiten (die Computeranwender der Welt) dadurch, dass sie nach ein paar einfachen Faustregeln eigenständige Entscheidungen treffen, ein umfassendes Phänomen erzeugen (die totale Beherrschung des Marktes durch ein einziges Unternehmen), das man durch keinerlei rationale Analyse ergründen kann.

Solche Phänomene, in denen massenweise verborgene Umschlagpunkte stecken und sonderbare, wirre Feedbackschleifen entstehen, sind nicht zu begreifen; Leute, die es versuchen, enden in der Klapsmühle, stellen verrückte Theorien auf oder werden hochbezahlte Chaostheorie-Berater.

Nun mag es bei Microsoft ein oder zwei Leute geben, die beschränkt genug sind zu glauben, die Vorherrschaft in den Köpfen sei eine Art stabile, dauerhafte Position. Vielleicht ist das sogar die Erklärung für den Fanatismus jener verrückten Typen, die man zum rein geschäftlichen Zweck dieser Operation angeheuert hat und denen immer wieder von erbosten Richtern der Prozess gemacht wird. Die meisten von ihnen sehen aber wohl ein, dass solche Phänomene ungeheuer instabil sind und man nicht voraussagen kann, welches verrückte, scheinbar unbedeutende Ereignis dazu führen könnte, dass das System in eine völlig andere Konfiguration übergeht.

Anders formuliert, Microsoft kann sicher sein, dass Thomas Penfield Jackson nicht den Befehl ausgeben wird, die Gehirne sämtlicher Bürger der westlichen Welt unverzüglich umzuprogrammieren. Es lässt sich aber nicht vorhersagen, wann die Leute massenhaft beschließen werden, ihr Gehirn selbst umzuprogrammieren. Das könnte manche der Verhaltensweisen von Microsoft erklären, wie z.B. ihre Taktik, unheimlich große Bargeldreserven anzuhäufen und die extreme Angst, die das Unternehmen immer an den Tag legt, wenn so etwas wie Java daher kommt.

Ich habe das Microsoft-Gebäude, in dem die Spitzenmanager sich aufhalten, nie von innen gesehen, stelle mir aber vor, dass auf den Fluren in regelmäßigen Abständen große rote Alarmvorrichtungen an den Wänden hängen. Jede verfügt über einen großen roten Knopf hinter einer Glasschutzscheibe. An einer Kette daneben hängt ein Metallhammer. Darüber steht auf einem großen Schild geschrieben: IM FALLE EINES ZUSAMMENBRUCHS DER MARKTANTEILE SCHEIBE EINSCHLAGEN.

Was passiert, wenn jemand die Scheibe zerschlägt und den Knopf betätigt, weiß ich nicht, aber es wäre sicher interessant, das herauszufinden. Man sieht im Geiste, wie weltweit Banken zusammenbrechen, wenn Microsoft seine Bargeldreserven abzieht, und eingeschweißte Palettenladungen mit Hundertdollarscheinen vom Himmel fallen. Microsoft hat ganz bestimmt einen Plan. Was ich aber wirklich gerne wüsste, ist, ob die Microsoft-Entwickler auf einer bestimmten Ebene nicht einen Seufzer der Erleichterung ausstießen, wenn die Last, das Eine Universelle Interface für Alles zu schreiben, plötzlich von ihren Schultern genommen würde.

GOTTES RECHTER KLEINER FINGER

In seinem Buch *Warum gibt es die Welt?*, das jeder lesen sollte, beschreibt Lee Smolin besser als jeder andere, wie unser Universum aus einer unheimlich präzisen Feinabstimmung zwischen verschiedenen Grundkonstanten hervorgegangen ist. Die Protonenmasse, die Schwerkraft, die schwache Wechselwirkung und ein paar Dutzend weitere Grundkonstanten legen definitiv fest, was für eine Art Universum aus einem Big Bang hervorgeht. Wären diese Werte auch nur geringfügig anders gewesen, wäre unser Weltall ein gewaltiges Meer aus lauwarmem Gas oder ein heißer Plasmaknoten oder irgendetwas anderes, im Prinzip Uninteressantes geworden – eine Niete sozusagen. Die einzige Möglichkeit, ein Universum zu bekommen, das keine Niete ist – das Sterne, schwere Elemente, Planeten und Leben enthält –, besteht darin, die grundlegenden Zahlen richtig hinzubekommen. Gäbe es irgendwo eine Maschine, die Weltalle mit zufällig gewählten Werten als Grundkonstanten ausspuckte, würde sie für jedes Universum wie das unsere 10^{229} Nieten produzieren.

Obwohl ich mich nicht hingesetzt und die Zahlen ausprobiert habe, scheint mir das mit der Wahrscheinlichkeit vergleichbar, einen Unix-Computer dazu zu bringen, etwas Sinnvolles zu tun, indem man ihn in einen Fernschreiber einloggt und Befehlszeilen eintippt, ohne sich aber an all die kleinen Optionen und Schlüsselwörter zu erinnern. Jedes Mal, wenn der rechte kleine Finger die Returntaste drückt, startet man einen neuen Versuch. In manchen Fällen tut das Betriebssystem überhaupt nichts. In anderen Fällen löscht es einem sämtliche Dateien. Meistens bekommt man nur eine Fehlermeldung. Mit anderen Worten, man erhält eine Menge Nieten. Manchmal jedoch, wenn alles genau stimmt, ackert der Computer eine Weile und produziert dann so etwas wie emacs. Er erzeugt tatsächlich Komplexität, Smolins Kriterium für Interessantheit.

Aber nicht nur das, es sieht langsam so aus, als könne man das Universum, wenn man unterhalb einer bestimmten Größe ansetzt – weit unter der Ebene der Quarks, ganz unten im Bereich der Stringtheorie – mit Hilfe der Physik einfach nicht mehr so beschreiben, wie man es seit Newton getan hat. Wenn man auf einer genügend kleinen Skala schaut, sieht man Prozesse, die fast wie Berechnungen wirken.

Ich denke, hier ist die Botschaft eindeutig: Irgendwo außerhalb und jenseits unseres Universums gibt es ein Betriebssystem, das über unermessliche Zeiträume hinweg von irgendeinem Hacker-Demiurg verschlüsselt wurde. Das kosmische Betriebssystem verwendet eine befehlsorientierte Benutzeroberfläche. Es läuft auf einer

Art Fernschreiber, der viel Lärm und Hitze entwickelt. Ausgestanzte Bits flattern wie dahintreibende Sterne in den Behälter darunter. Der Demiurg sitzt an seinem Fernschreiber und hämmert eine Befehlszeile nach der anderen mit den Werten der physikalischen Grundkonstanten in den Fernschreiber:

Universum -G 6.672e- 11 -e 1.602e-19 -h 6.626e-34
 -Protonenmasse 1.673e-27. . . .

und als er mit dem Tippen der Befehlszeile fertig ist, verharrt sein rechter kleiner Finger ein oder zwei Ewigkeiten lang über der Returntaste, während er sich fragt, was wohl passieren wird; dann fällt er herab – und das *Peng*, das man hört, ist wieder ein Urknall.

Das ist mal ein cooles Betriebssystem und wenn so etwas (natürlich kostenlos) tatsächlich über Internet verfügbar wäre, würde jeder Hacker der Welt es sich sofort herunterladen, um dann die ganze Nacht daran herumzuprobieren und nach allen Seiten Weltalle auszuspucken. Die meisten davon wären ziemlich langweilige Weltalle, aber manche wären einfach toll. Denn das, worauf diese Hacker abzielen würden, wäre viel ehrgeiziger als ein Universum mit ein paar Sternen und Galaxien. Das würde jeder hergelaufene Hacker fertig bringen. Nein, der Weg, sich ein überragendes Ansehen im Internet zu verschaffen, bestünde darin, so geschickt an der Befehlszeile herumzudoktern, dass die Weltalle spontan Leben entwickelten. Und wäre diese Fähigkeit erst einmal Allgemeingut geworden, gingen diese Hacker noch weiter in ihrem Versuch, ihre Weltalle dazu zu bringen, die richtige Art von Leben zu entwickeln, indem sie sich bemühten, genau die Veränderung in der n-ten Dezimalstelle irgendeiner physikalischen Konstante zu finden, die uns eine Erde geben würde, auf der zum Beispiel Hitler schließlich doch in die Kunstakademie aufgenommen worden wäre.

Aber selbst wenn diese Vorstellung wahr würde, hätten die meisten Anwender (mich selbst an manchen Tagen eingeschlossen) keine Lust, sich mit all diesen obskuren Befehlen vertraut zu machen und mit all den Fehlschlägen zu kämpfen; ein paar Weltall-Nieten können einem den Keller ganz schön voll stopfen. Nachdem wir eine Weile damit zugebracht hätten, Befehlszeilen herunterzuhämmern, die Returntaste zu drücken und langweilige, gescheiterte Weltalle zu erzeugen, würden wir uns allmählich nach einem Betriebssystem sehnen, das ganz am anderen Ende der Skala läge: ein Betriebssystem, das in der Lage wäre, alles zu tun – sogar unser Leben für uns zu leben. In diesem Betriebssystem wären alle möglichen Entscheidungen, die wir je würden treffen wollen, von schlauen Programmierern vorweggenommen und in einer Reihe von Dialogfeldern zusammengefasst. Durch Anklicken einer Optionsschaltfläche könnten wir aus einander ausschließenden Möglichkeiten (HETEROSEXUELL / HOMOSEXUELL) wählen. Dank ganzer Kolonnen von Kontrollkästchen könnten wir die Dinge auswählen, die wir in unserem Leben haben wollten (HEIRATEN / GROSSEN AMERIKANISCHEN ROMAN SCHREIBEN) und bei komplizierteren Optionen könnten wir kleine Dialogfelder ausfüllen (ANZAHL DER TÖCHTER / ANZAHL DER SÖHNE).

Sogar diese Benutzeroberfläche würde nach einer Weile schrecklich kompliziert aussehen, mit all den Auswahlmöglichkeiten und den vielen verborgenen Interaktionen zwischen diesen Möglichkeiten. Irgendwann wäre sie kaum noch zu handhaben – dann hätten wir wieder das alte Problem der blinkenden Zwölf! Die Leute, denen wir dieses Betriebssystem zu verdanken hätten, müssten Templates und Hilfefunktionen zur Verfügung stellen und uns ein paar Standardleben geben, die wir als Ausgangspunkt für die Gestaltung unseres eigenen benutzen könnten. Aller Wahrscheinlichkeit nach würden die meisten Leute diese Standardleben sogar recht gut finden, gut genug jedenfalls, dass sie sie aus Angst, sie könnten sie verschlechtern, lieber nicht aufreißen und an ihnen herumprobieren würden. Deshalb sähe die Software nach ein paar Freigaben sogar noch einfacher aus: Man würde sie hochfahren und sie würde einem ein Dialogfeld mit einer einzigen Schaltfläche in der Mitte und der Aufschrift: LEBEN präsentieren. Nach dem Anklicken dieser Schaltfläche würde das eigene Leben beginnen. Sollte irgendetwas nicht funktionieren oder den Erwartungen nicht entsprechen, könnte man sich bei der

Microsoft-Kundendienstabteilung darüber beschweren. Hätte man dann einen PR-Menschen am Apparat, würde der einem erzählen, dieses Leben sei doch prima, nichts daran sei verkehrt und nach der Einführung der nächsten Erweiterungsversion würde es sowieso noch viel besser. Bliebe man aber hartnäckig und wiese sich als Fortgeschrittener aus, würde man vielleicht zu einem richtigen Ingenieur durchgestellt.

Was würde der Ingenieur sagen, nachdem man sein Problem geschildert und sämtliche Schwachstellen in seinem Leben aufgezählt hätte? Er würde einen bestimmt darüber aufklären, dass das Leben äußerst hart und kompliziert sei; dass kein Interface daran etwas ändern könne; dass jeder, der das anders sehe, ein Einfaltspinsel sei; und dass man, wenn man nicht wolle, dass andere die Entscheidungen für einen träfen, langsam anfangen sollte, sie selbst zu treffen.

TOP SECRET

Candice DeLong, Die Agentin 15173

Christopher Whitcomb,
Eiskalt am Abzug   15192

Eric L. Haney,
Delta Force   15215

GOLDMANN

WAHRE GESCHICHTEN
SPANNUNG PUR

Ein spannungsgeladener Bericht und »ein fesselnder, tief verstörender Blick auf die Schrecken des Krieges.«
Jon Krakauer

Hampton Sides,
Das Geisterkommando   15189

Brillant recherchiert, mitreißend geschrieben- »...liest sich wie Clancys Jagd auf Roter Oktober.«
Kirkus Reviews

Sherry Sontag/Christopher Drew,
Jagd unter Wasser   15077

GOLDMANN

DAS ZUKUNFTS-PROGRAMM

Jerry Mander/ Edward Goldsmith
Schwarzbuch Globalisierung
ISBN 3-570-50025-X

Naomi Klein
No Logo!
ISBN 3-570-50028-4

Lawrence E. Mitchell
Der parasitäre Konzern
ISBN 3-570-50027-6

Ruediger Dahlke
Woran krankt die Welt?
ISBN 3-570-50022-5

Riemann
One Earth Spirit